Mosaik

THOMAS FRÖHLING · KATRIN MARTIN

Wohnen mit Feng Shui

Mehr Harmonie, Gesundheit
und Erfolg durch gezieltes Einrichten
und Gestalten

Das Praxisbuch für Einsteiger

Mosaik Verlag

Bildnachweis:
A. Bärtels 13; R. Frick 67 alle, 69; H. Heitz 64; IFA-Bilderteam 11;
Th.-M. Gehm 95; G. Lambert Möbel und Wohnaccessoires, Mönchengladbach
27, 31, 55, 60, 71, 101 unten; Picture Press / Heye 115 / Nörenberg 97,
102, 106 / Willig 101 oben, 112; W. Stehling 25; Fr. Strauss 43, 63;
Tony Stone Bilderwelten / Bolster 73 / Bosler 8 / Burgess 16 / Busselle 91 /
Johnston 6; I. Tschakert 87.
Alle Zeichnungen von Ushie Farkas-Dorner, Plouray.

Der Mosaik Verlag ist ein Unternehmen
der Verlagsgruppe Bertelsmann

Redaktionsleitung: Halina Heitz
Redaktion: Herbert Scheubner, Gräfelfing
Bildredaktion: Helga August
Umschlaggestaltung: Eva Wenger, München
Buchgestaltung: Martin Strohkendl, München
Reproduktionen: Artilitho, Trento
Druck und Bindung: Alcione, Trento
Printed in Italy
ISBN 3 - 576 - 10713 - 4

Vorwort

Wem ist es nicht auch schon so ergangen? Man betritt ein Haus, eine Wohnung oder ein Zimmer und fühlt sich rundum wohl und glücklich. Ähnliches erleben wir an bestimmten Orten, in gewissen Landschaften, in speziellen Ländern. Auch Arbeitsplätze üben auf uns unterschiedliche Wirkungen aus; und nicht zuletzt auch Menschen, mit denen wir zusammenleben und -arbeiten. Sogar ein Hausputz oder das Umstellen von Möbeln können sich auf unser Wohlbefinden auswirken. Unsere Umwelt beeinflußt uns, und im Gegenzug beeinflussen wir unsere Umwelt.

Diese Wechselwirkung haben die Chinesen schon Tausende von Jahren vor uns erkannt und eine allumfassende Harmonielehre geschaffen, die sie schlicht „Feng Shui", Wind und Wasser, nannten. Wir würden die Philosophie, die dahinter steckt, vielleicht vielfältiger ausdrücken: Feng Shui ist Leben im Einklang mit den Naturkräften und gesunder Menschenverstand, Sinn für Schönheit und Ästhetik sowie für Ordnung und Funktionalität. Feng Shui ist aber auch die Kunst, gezielt zu mildern und anzuregen, auszugleichen und einen goldenen Mittelweg zu finden.

„Wir glauben, wir formen unsere Häuser, aber vielleicht formen die Häuser uns?"
E. W. Heine

Dieser Ratgeber hilft Ihnen, Wohnsituationen zu erkennen und neu zu betrachten, so daß Sie durch bewußte Gestaltung Ihres Umfeldes Ihr Leben verbessern können. Denn die Wohnung ist unsere zweite Haut und ein besonders wirksames Feld für Feng-Shui-Maßnahmen. Das Buch macht Sie vertraut mit den wichtigsten Grundlagen der chinesischen Lehre und zeigt Ihnen anhand von konkreten Beispielen aus dem Alltag die Kunst der Harmonisierung in unserem westlichen Kulturkreis mit unseren eigenen Mitteln.

Foto links: Wasser fördert den Wohlstand, belebt das Ch'i und den Fluß der Dinge. Es ist eines der wichtigsten Feng-Shui-Heilmittel.

Feng Shui in allen Lebensbereichen

Feng Shui ist eine mindestens 4000 Jahre alte Weisheitslehre, die Ihnen dabei helfen kann, Ihr Leben und das Ihrer Familie positiv zu beeinflussen. Zum Beispiel über Veränderungen in der Wohnung. Aber auch am Arbeitsplatz oder in der näheren Umgebung – wie im Garten – können Feng-Shui-Maßnahmen wirksam werden.

Die chinesischen Schriftzeichen für Wind (oben) und Wasser (unten)

Übersetzt bedeutet „Feng Shui" Wind und Wasser. Für die Chinesen ist der Wind die Energie, die das Wasser herbeibringt, ohne das nichts wächst. Zugleich aber kann ein wütender Sturm zerstören und eine Sintflut die Äcker ertränken. Es geht also um das harmonische Zusammenspiel aller auf uns wirkenden Kräfte. Sie wieder in Einklang zu bringen, ist das Grundanliegen von Feng Shui. Mit Hilfe dieser Harmonielehre gelingt es uns, die Eigenschaften unseres Wohnumfeldes zu erkennen, die Kraft von günstigen Linien zu aktivieren und negative Einflüsse auszugleichen.

Die Chinesen glaubten, daß unsere Erde ein atmender Organismus ist. Er verfügt über Lebensenergie, die ihn durchzieht und seine Funktionen und Reaktionen reguliert. Diese Vorstellung wurde von westlichen Wissenschaftlern stets belächelt. Inzwischen aber haben sich die Ansichten geändert. Im Jahr 1974 traten der englische Chemiker James Lovelock und die amerikanische Mikrobiologin Lynn Margulis mit ihrer „Gaia"-Theorie an die Öffentlichkeit. Grundlage ihrer These war – kurz gesagt –, daß unser Planet mit seinen verschiedenen Ökosystemen auf aktive Weise reguliert wird – und daher als etwas Lebendiges zu betrachten sei. Feng Shui ist also seit Urzeiten mit und in uns.

Foto links: Wenn Sie sich die Mühe machen, Feng Shui verstehen zu lernen und anzuwenden, werden Sie Ihrer Familie Harmonie, Zufriedenheit, Gesundheit und Glück sichern.

Energiestraßen und Kraftorte. Gehen wir weit zurück in der Geschichte unseres blauen Planeten. Vor Millionen von Jahren existierte der

Mensch noch nicht. Aber „Straßen" hat es dennoch gegeben. Es waren die Trampelpfade von Tieren, die stets instinktiv die besten und sichersten Wege durch die dichten Wälder, in denen sie jagten, zu den Flüssen fanden, aus denen sie tranken. In späteren Jahren folgten die ersten Menschen denselben Wegen. Und vor 2000 Jahren war dann in China Feng Shui längst eine Lehre, die von der Bevölkerung angewandt wurde, während auf der anderen Seite der Erdkugel die Römer feste Straßen bauten. Und zwar auf eben den Routen, die auch schon die Urmenschen genommen hatten und aus denen später zum Beispiel auch Handelsstraßen entstanden. Die Straßen und Wege, die die Chinesen und Römer vor uralter Zeit anlegten, sind auf den „Energiebahnen" der Erde gebaut. Und hier läßt sich gut reisen und auch gut wohnen.

Entlang dieser Urstraßen findet man heute Reste alter Tempel, die wiederum dort errichtet wurden, wo sich bereits Tiere bevorzugt zur Nacht niederließen, und die Urmenschen ihren Naturgöttern Opfer darbrachten. Auch wir Menschen von heute fühlen uns an diesen Orten besonders wohl, und die Wissenschaft weiß inzwischen auch warum: Überall, wo sich Kultplätze häufen, liegt eine hohe Konzentration negativ geladener Ionen in der Luft, die, wie Mediziner wissen, die roten Blutkörperchen stimulieren und uns munter machen.

„Das Haus ist eine Maschine zum Wohnen." Dieser Gedanke Le Corbusiers widerspricht (natürlich) allen Feng-Shui-Regeln.

Auch in uns Westeuropäern steckt noch sehr viel vom „alten Adam". Nur vertrauen wir zu selten unseren Instinkten und der Intuition. Sie wurden zugedeckt von den scheinbaren Notwendigkeiten unserer Zeit. Besonders deutlich wird das auch beim Thema unseres Buches: dem Wohnen. Einer der maßgeblichen abendländischen Architekten des 20. Jahrhunderts, Le Corbusier, hat einmal geschrieben: „Das Haus ist eine Maschine zum Wohnen." Und genauso wurde und wird noch heute oft gebaut. Nur erleben wir immer wieder, daß sich der Mensch in seiner Maschine zum Wohnen augenscheinlich nicht wohlfühlt. Während der Woche nutzt er sein Heim zum Fernsehen und Schlafen, am Wochenende geht es mit dem Auto 'raus ins Grüne. Den langersehnten Urlaub verbringen die meisten – je nach Geldbeutel – auf Mallorca oder in der Karibik. Nach

Möglichkeit aber nicht in den eigenen vier Wänden. Und da sieht's ja nun beinahe so aus, als wären viele von uns auf der ständigen Flucht vor unserem Heim.

Wer Feng Shui praktiziert, findet wieder zurück zu seinen Wurzeln. Er lernt im Einklang mit der Natur und seiner Umgebung zu leben, lernt, wieder mehr auf seine Intuition und seinen gesunden Menschenverstand zu hören. Er entdeckt tiefere Zusammenhänge und Beziehungen von Mensch und Umgebung, kann dadurch Ballast von seiner Seele abwerfen, gesund und mit frischem Mut an seine Aufgaben gehen.

Wer Feng Shui praktiziert, lernt im Einklang mit der Natur und seiner Umgebung zu leben.

Yin und Yang, die beiden kosmischen Energien, sind in allen Dingen sichtbar, die uns umgeben. Yin ist die Erde und der Schatten, Yang der Himmel und das Licht.

Wie Feng Shui Ihr Leben verändern kann

Feng Shui kann Ihnen dabei helfen, Ihren privaten und beruflichen Lebensweg und Ihr Wohlbefinden zu verbessern. Wichtiger Hinweis: Feng Shui ist keine Methode, um seelische oder körperliche Beschwerden oder Krankheiten zu beeinflussen. Erwarten Sie auch von Feng Shui keine Wunder, und lassen Sie sich andererseits auf keinen Fall von der Philosophie unter Druck setzen. Gehen Sie es spielerisch an, Probieren geht über Studieren. Beginnen Sie mit kleinen Veränderungen, und notieren Sie sich, ob und wie dadurch Wohlbefinden, Partnerschaft, Beruf und Karriere beeinflußt werden.

Erwarten Sie von Feng Shui keine Wunder. Entscheiden Sie Veränderungen individuell und nach dem Gefühl, was gut für Sie ist. Setzen Sie sich mit Feng Shui nie unter Zwang.

In dem Augenblick, in dem wir die häusliche Umgebung verändern, verändern auch wir uns, können reifen und wachsen. Nun wissen wir freilich, daß die allermeisten unserer Leser (so wie nebenbei auch wir!) nur selten ideale Wohn- und Umweltbedingungen vorfinden. Irgend etwas stimmt nicht mit dem Haus und dem Leben darin. Aber was denn bloß? Hier kann Ihnen Feng Shui die Augen öffnen, die Umwelt und ihre Auswirkungen – auch auf Sie – bewußter wahrzunehmen, und Ihnen die Chance bieten, wieder in Harmonie zu leben. Sie lernen, günstige Einflüsse zu stärken und Mängel auszugleichen. Auf diese Weise kann es uns gelingen, ein Umfeld zu schaffen, das uns fördert und wieder in den Fluß des Lebens bringt. Wir müssen nicht länger gegen den Strom schwimmen, Widerstände können verschwinden, und wir lernen, unser Potential optimal zu nutzen. Reichlich große Versprechungen, meinen Sie? Treten wir den Beweis an – und zwar mit einem Beispiel aus dem Leben:

Foto rechts: Beispiel für einen guten Energiefluß zwischen Park und Villa Rothschild an der Côte d'Azur.

Beispiel für Feng Shui und Partnerschaft. Zu unserem Bekanntenkreis zählen Marcus und Resha. Im berühmt-berüchtigten siebten Jahr schien ihre Ehe in die Brüche zu gehen. Marcus sagte uns: „Aber was heißt hier schon Ehe. Eigentlich geht damit nur unser privater siebenjähriger Krieg zu Ende. Ständig herrscht in unserem Haus Zank und Streit. Und das Komische dabei ist: Wir verstehen selbst nicht, warum das so ist. Denn eigentlich wissen wir ja, daß wir uns lieben – trotz alledem ..."

Ein paar Tage später besuchten wir Marcus und Resha. Und inspizierten auch ihr bevorzugtes Schlachtfeld: das Schlafzimmer. Wir fragten sie, wie sie zu schlafen pflegen, und gaben ihnen dann diese beiden Tips mit auf den Weg:

Spiegel im Schlafzimmer wirken einerseits sehr anregend auf die Liebe, sollten aber während der Nachtruhe abgedeckt sein.

Direkt vor dem Bett stand ein großer verspiegelter Schrank. Wir rieten ihnen, eine Seidengardine davor anzubringen und sie abends zuzuziehen. Denn die Chinesen sagen: Ein Spiegel vor dem Bett ist schädlich, weil die Seele im Schlaf aus dem Körper tritt und sich bei ihrem Anblick im Spiegel erschreckt. Weshalb wiederum der Mensch am nächsten Morgen mit einem Gefühl der Bedrückung aufwache. Für den westeuropäischen Leser sei hinzugefügt: Wenn Marcus und Resha abends auf dem Bett saßen und sich stritten, schauten sie im Spiegel zumeist sich selbst an und warfen nur bisweilen scheele Blicke auf das Spiegelbild des anderen. Seitdem die Spiegel verhüllt sind, sitzen (oder liegen) sie im Bett einander gegenüber, schauen sich direkt in die Augen – und da fällt es schwer, weiterzustreiten …

Marcus' Stammseite im Bett war die rechte Seite. Auch das ist nach der Harmonielehre des Feng Shui ungünstig. Der Mann sollte stets links liegen, sagen die Chinesen, denn dadurch wird er in seiner Rolle anerkannt und gefördert. Selbstbewußt kann er dann seinen Pflichten nachkommen. Frauen dagegen liegen am besten rechts neben ihren Partnern. Der Versuch einer Erklärung für den europäischen Leser sei folgender: Wie wir im nächsten Kapitel noch genauer nachlesen werden, befindet sich in der linken Gehirnhälfte die rationale Seite (Yang = männlich). Die rechte (Yin = weiblich) ist dagegen zuständig für die ganzheitlich emotionale Erfassung komplexer Zusammenhänge. Das jedenfalls ist eine mögliche Erklärung. Wem sie nicht ausreicht, der sollte es trotzdem versuchen – denn es funktioniert! Marcus und Resha jedenfalls sind heute, vier Jahre nach ihren heftigen Kämpfen, noch immer ein Paar. Nicht alles hat sich bis heute in Wohlgefallen aufgelöst, gewiß nicht, aber beide bestätigten uns vor einigen Tagen noch: „Wir streiten uns jetzt wirklich viiiiiel seltener!"

Beispiel für Feng Shui in Beruf und Karriere. In der Maiausgabe '97 der Zeitschrift PM war folgendes zu lesen: „Der Münchner Kieferorthopäde Friedrich Bunz hat seine Praxis nach den Gesetzen des Feng Shui eingerichtet. Beim Betreten der Praxis hört man klassische Musik, und der Blick fällt auf einen beruhigend wirkenden Brunnen. Gegenüber hängt eine versteinerte Baumscheibe. Nach Feng Shui entsteht hier ein streßabbauendes Spannungsfeld zwischen dem zirkulierenden Wasser und der Kraft des Baumes. Die klassische Musik verstärkt den Effekt noch und nimmt den Patienten die Angst. Sie kamen fast gern zur Behandlung."

Lillian Too, eine der bekanntesten Feng-Shui-Expertinnen Asiens, hat beobachtet, daß ein Schreibtisch von 152 bis 155 cm Länge, 102 cm Breite und 84 cm Höhe die Karriere fördert und finanzielles Glück bringt.

Beispiel für Feng Shui und für Gesundheit und Wohlbefinden. Ein Bekannter von uns schaute aus dem Fenster seines Hochhausappartements direkt auf den spitzen Giebel einer großen Bank. Der Anblick war ihm unangenehm, ohne daß er irgendwelche Gründe dafür nennen konnte. Er bekam regelmäßig Kopfschmerzen und später regelrechte Migräneattacken. Wir rieten ihm, sich ein Mobile aus großen runden Muschelplatten vors Fenster zu hängen, und zwar in den ausgleichenden Farben Grün und Blau. Es half. Der Anblick des Mobiles lenkte ihn von der „Spitze" ab, das sanfte Drehen und Klingen des Mobiles schenkte ihm Ruhe im Kopf.

Eine andere „angreifende Spitze" – im Feng Shui Pfeil genannt – hatte ein Ratsuchender auf dem Lande zu ertragen. Rund 80 Meter vor seinem Haus erhob sich ein Hochspannungsmast. Als wir ihn besuchten, praktizierten wir zuerst einmal streng westliches Feng Shui: Wir ließen die elektromagnetischen Abstrahlungen im Haus messen. Zum Glück stellten sich diese als nicht so gravierend heraus, daß wir zum Umzug raten mußten (wir kennen aber so manche Fälle, in denen eben nur das noch hilft). Dennoch war es unumgänglich, daß der Hausbewohner zuerst einmal sein Schlafzimmer in den hinteren Bereich des Hauses verlegte; zudem gaben wir ihm den Tip, auf die Fensterbank zum Hochspannungsmast eine Kugelvase mit dicken, in allen Farben des Regenbogens schillernden Seidenrosen zu stellen.

Was Sie über Feng Shui wissen müssen

Dieses Kapitel wird Sie mit den wichtigsten Feng-Shui-Begriffen und ihrer Bedeutung bekanntmachen. Viele Vokabeln sind Ihnen schon aus anderen Bereichen fernöstlicher Heilweisen und Lebensphilosophien bekannt, zum Beispiel Yin und Yang, Akupunktur oder Zahlenmagie. Sie alle haben auch mit Feng Shui zu tun, sind mit der Harmonielehre verknüpft. Dennoch gibt es typische Dinge, die man wissen muß, wenn man Feng Shui verstehen und in der Praxis anwenden möchte.

Schädigende Umwelteinflüsse sowie seelische und körperliche Belastungen führen zu Blockaden in unserem Energiesystem. Um gesund zu bleiben, müssen wir den Fluß des Ch'i wieder in Gang bringen, sonst entsteht Sha, das fehlgelenkte Ch'i.

Das Ch'i – die Lebensenergie

Ch'i ist der Atem des Lebens in allem und jedem. Im Wind, dem Wasser, den Blumen, den Bäumen, den Tieren und in uns. Diese Lebensenergie wird von den Chinesen „Ch'i" genannt, die Inder nennen sie „Prana" und bei den Japanern heißt sie „Ki".

Solange wir leben, zirkuliert diese feinstoffliche Energie in sanft fließenden Bewegungen in unserem Körper. Wir sind gesund, wenn jedes Organ, jede Zelle von der lebensspendenden Kraft durchflutet wird. Kann sie dagegen nicht mehr ungehindert fließen, durch ungesunde Lebensweise, schädigende Umwelteinflüsse, aber auch durch ständige psychische und körperliche Belastungen, kommt es zu Blockaden im energetischen System. Die Folgen sind auf der einen Seite ein Zuviel – auf der anderen ein Zuwenig an Energie. Die Menschen erkennen, besser wohl erspüren diese Zustände durch Verspannungen oder Schmerzen, sie fühlen sich leer, kraftlos oder einfach unwohl.

Foto links: Pfingstrosen gelten in China als Glücksbringer und sind phantastische Ch'i-Boten, die man auch bei Partnerschaftsproblemen einsetzen kann.

Auch medizinische Behandlungsmethoden fußen auf der Existenz dieser unsichtbaren Energie. So wird zum Beispiel bei der Akupunktur die Lebensenergie – sie bewegt sich auf den sogenannten Meridianen – wieder zum Fließen gebracht. Das geschieht durch eine spezielle Nadel, mit der der Arzt, je nach Befund, bestimmte Akupunkturpunkte aktiviert. Die chinesische Heilmethode Akupunktur, um nur ein Beispiel zu nennen, bringt also die Lebensenergie, die ins Stocken geraten oder blockiert ist, wieder „in Fahrt".

Ähnlich behandelt angewandtes Feng Shui den Energiefluß von Wohnung und Umgebung. Wir erfahren, welche Bereiche unseres Heims nicht genügend von Ch'i durchströmt oder gar blockiert sind und lernen durch bewußte Wohnraumgestaltung, das Ch'i wieder zum Fließen zu bringen. Denn auch das Wohnumfeld kann uns im wahrsten Sinne des Wortes krank machen, oder es kann uns stärken und fördern. Feng Shui befaßt sich mit den Gesetzmäßigkeiten dieser universellen Lebensenergie und gibt uns konkrete Mittel an die Hand, die dazu verhelfen, unseren Lebensraum so zu gestalten, daß wir überall von der Lebenskraft Ch'i genährt werden.

Ch'i zirkuliert in und um unseren Körper und dehnt sich in der Natur mit sanften Bewegungen aus.

Die „unsichtbare" Lebenskraft Ch'i, der Atem des Universums, bewegt sich langsam und in sanften wellenförmigen Bewegungen. Sie soll ungehindert fließen können – wie ein guter Geist oder ein balsamischer Wohlgeruch, der zur Tür hereinschwebt und langsam Zimmer für Zimmer durchstreift und durchströmt, und den Raum, bevor er ihn verläßt, mit Energien durchdringt.

Das Sha – die fehlgelenkte Energie

Wird Ch'i in seinem natürlichen Fluß behindert, so entsteht Sha. Sha ist stagniertes oder fehlgelenktes, ungünstiges Ch'i. Viele Beispiele zeigen, daß überall dort, wo der Mensch seine „ordnende" Hand im Spiel hat, Sha-Quellen entstehen. So beschleunigen lange, gerade Straßen, Leitungen, Brücken und Bahngleise die Energie so schnell, wie ein Auto es auf einer abschüssigen Autobahn tut. Neben künstlichen Sha-Quellen gibt es auch natürliche wie Gesteinsverwerfungen, Wasseradern, Gesteinsbrüche, Erdspalten, Senken, Strudel, Stürme oder Vulkane.

Versteckte Pfeile. Dieser bildliche Begriff aus dem Feng Shui steht für alles, was zu schnell, zu gerade, zu spitz, zu scharf ist und Sha erzeugt. Das kann auch ein begradigter Fluß sein. Ein Beispiel: Seit einiger Zeit scheint in Deutschland (und nicht nur hier), das Wetter verrückt zu spielen. Alle paar Jahre erleben wir regelmäßig eine „Jahrhundertflut". Politiker, Kommentatoren und Bürger reagieren hilflos. Und jeder schimpft über das Wetter. Aber was hat denn Wind und Wasser gegen uns aufgebracht? Warum scheint bei uns das Feng Shui einfach nicht mehr zu stimmen?

Schlechtes Feng Shui: Flußbegradigungen, Flurbereinigungen.

Alte chinesische Feng-Shui-Lehrmeister hätten sogleich eine Antwort parat. Sie würde etwa so lauten: „Ihr Deutschen habt das Ch'i des Wassers, der Ströme, Flüsse und Bäche verletzt. Mit euren Flußbegradigungen habt ihr es aus seinem natürlichen Lebensraum vertrieben. Eure umgeleiteten, schnurgeraden Wasserstraßen sind nun Pfeile, die auf eure Brust gerichtet sind. Denn nur Flüsse und Ströme, die in ihrem natürlichen Bett, in schlängelnden und sanften Bewegungen durch die Landschaft fließen, können Leben spenden ..."

Gutes Feng Shui: Wiederaufforstung und Renaturierung von Flüssen und Biotopen.

Ähnlich denken seit einiger Zeit auch weiterblickende Bürgervereinigungen und Naturschützer. Sie haben Projekte auf den Weg gebracht, die dann nicht ganz so poetische Namen tragen wie etwa: „Naturnaher Aus- und Umbau von Fließgewässern". Was freilich nichts anderes heißt, als daß die alten Flußbetten wiederhergestellt werden, wie sie einmal waren. Der Beton wird abgerissen, Pflanzen, Sträucher und Bäume angepflanzt, Fische erneut eingesetzt. Wie einst schlängeln sich nun nach der – wie es so schön heißt – „Renaturierungsmaßahme" die Flüsse, und das Ch'i des Wassers kann wieder fließen. Und das ist nun: deutsches Feng Shui.

Regelrechte Giftpfeile des Feng Shui sind scharfe oder spitze Gegenstände, seien es nun Messer, Gabeln oder auch Häuser mit Ecken, Kanten und spitzen Türmen. Wie Pfeile wirken außerdem

- spitz zulaufende Dächer, deren Kanten auf Ihr Heim gerichtet sind,
- Hochspannungsmasten,
- die scharfen Ecken eines Hochhauses oder Richtturms,
- Stützpfeiler und Balken.

Im Wohnbereich können viele Giftpfeile und Sha-Quellen eine negative Energie fördern, die unsere Gesundheit und Wohnqualität stark beeinträchtigen können. Feng Shui bietet eine Fülle von Möglichkeiten, diese schädigenden Kräfte auszugleichen.

Besonders Schlafzimmer sollten solchen Pfeilen nicht ausgeliefert sein. Wie Sie sich schützen können, lesen Sie in „Die Heilmittel des Feng Shui" (Seite 61ff.).

Sha-Quellen außerhalb der Wohnung sind:

- Straßen, Wege, Durchgänge und Treppen, die direkt und gerade auf ein Haus zuführen,
- Gebäudeecken und Kanten („geheime Pfeile"), die auf die Wohnung gerichtet sind,
- Stromleitungen, Trafohäuser und Umspannstationen, Hochspannungsmasten, Sendemasten,
- unbewegtes, trübes Wasser,
- Friedhöfe.

In der Wohnung finden wir folgende Sha-Quellen:

- Ecken und Kanten an Möbeln, Ecken von spitzen Gegenständen (Gardinenstangen usw.),
- Deckenbalken,
- Dachschrägen,
- lange Flure (Energieautobahnen),
- Treppen mit offenen Stufen,

- Flure, die Häuser in zwei symmetrische Hälften teilen,
- zwei einander unmittelbar gegenüberliegende Fenster oder Türen,
- angeschaltete elektrische Geräte in unmittelbarer Nähe des Menschen.

Das hört sich ja nun alles ziemlich schlimm an – überall lauert Gefahr. Doch keine Angst! Wir sind dem Sha nicht ausgeliefert. Feng Shui bietet eine Vielzahl von „Möglichkeiten", die die schädigende Kraft des Sha abbremsen, umlenken und ausgleichen können. In dem Abschnitt „Die Heilmittel des Feng Shui" (Seite 61ff.) finden Sie Näheres darüber.

Yin und Yang – der Rhythmus des Lebens

Yin und Yang – diese beiden uralten Begriffe sind heute in der westlichen Welt längst populär geworden, aber leider sehr oft zu bedeutungsleeren Schlagworten verkommen. Und daher werden sie bisweilen auch auf geradezu groteske Weise mißverstanden. Auf einem Fest hörten wir jüngst eine Bekannte, die sich sehr emanzipiert gibt, seufzen: „Typisch, für diese Chinesen-Chauvis sind wir Frauen natürlich was Negatives ..."

Yin und Yang – zwei Seiten einer Medaille

Die junge Frau war einigermaßen erstaunt, als wir ihr daraufhin erwiderten, daß der Fehler in ihrem männlich (Yang) geprägten Denken liege – die alten Chinesen eher die Möglichkeiten der rechten Gehirnhälfte (Yin = weiblich) ausschöpften. Und das bedarf nun einiger Erklärungen:

Wir Menschen der abendländisch geprägten Industriestaaten versuchen, unsere Welt und das Universum vor allem mit der linken Gehirnhälfte, dem Sitz des analytischen Denkens, zu verstehen – die alten Chinesen dagegen verließen sich lieber auf die rechte Gehirnhälfte, die ihren Schwerpunkt auf Gefühle und Bilder legt. Bei ihnen sind Musiker, Mystiker und Lyriker hoch angesehen – bei uns eher Banker, Beamte und Industrielle. Und genau das ist auch einer der Gründe, warum es Europäern und Amerikanern so schwer fällt, sich in die chinesische Philosophie „einzudenken". Denn wir müssen lernen, uns „einzufühlen".

Die chinesische Philosophie betont nicht das Trennende, sondern versucht stets, die beiden Pole zu harmonisieren. Yang steht dort für männlich, heiß und hell. Aber ohne das weibliche Yin, das für Kälte und Nacht steht, wäre kein Leben möglich. Alles bedingt einander. Der Tag wird zur Nacht, die Hitze weicht der Kühle. Die positiven (Yang) Kräfte und die negativen (Yin) stehen nicht für Gut und Böse, sondern – um in westlichen Bahnen zu denken – etwa für das Plus und Minus elektrischer Ladungen.

Yin	**Yang**
Mond	Sonne
Erde	Himmel
Winter	Sommer
rund, oval	spitz
weiblich	männlich
innen	außen
Nacht	Tag
Ruhe	Aktivität
Stillstand	Bewegung
Schatten	Licht
Intuition	Wissen
tief	hoch
Kälte	Hitze
unten	oben

Yin und Yang im westlichen Feng Shui

Das Verändern kleiner Dinge kann den Energiefluß harmonisieren und das Gleichgewicht der Kräfte wiederherstellen.

Was bedeuten diese Polaritäten nun für das Feng Shui? Wenn Sie Ihr Wohnumfeld ausgewogen gestalten wollen, so achten Sie auf ein harmonisches Verhältnis von Yin und Yang. Jede Einseitigkeit stört die Balance, die wir für Wohlbefinden und Gesundheit brauchen.

Es kommt immer auf den Zweck eines Raumes an, welche Energiequalität am günstigsten ist. So sollte ein Schlafraum immer Ruhe ausstrahlen.

Schon ganz kleine Dinge können harmonisieren und das Gleichgewicht der Kräfte wiederherstellen. Wenn Sie also zum Beispiel nicht einschlafen können, kann Ihnen eine Duftlampe mit etwas Lavendel (Yin) helfen, nach den Aktivitäten des Tages (Yang) zur nächtlichen Ruhe (Yin) zu finden. Oder Sie tauschen die schöne, bunt geblümte Bettwäsche gegen eine einfarbig nachtblaue ein. Ganz konkrete Beispiele für Yin und Yang im Feng Shui finden Sie in der nun folgenden Tabelle.

Yin und Yang im Feng Shui	**Yin**	**Yang**
Räume	feucht, dunkel, kalt, ruhig	trocken, hell, warm, laut
Formen	oval, gerundet	spitz
Steine und Kristalle spitz = Yang, rund/oval = Yin	Lapislazuli, Aquamarin, Rosenquarz, Mondstein	Rubin, Granat, schwarzer Turmalin, Blutstein
Düfte für den Raum	Kamille, Vanille, Geranie, Lavendel, Pfefferminz, Thymian	Ingwer, Rosmarin, Zimt, Rose

Yin und Yang sind der Weg des Himmels und der Erde, die Grundlage der Feng-Shui-Prinzipien.

Das System von Yin und Yang stellt die Grundlage der Feng-Shui-Prinzipien dar. Es beschreibt das Spannungsfeld, in dem sich Ch'i bewegt und aus dem das Leben erst entstehen konnte. Innerhalb dieses Spannungsfeldes erkennen wir Wandlungsphasen. So wird aus dem Sommer (Yang) nicht gleich der Winter (Yin). Vielmehr geht in der Natur der Sommer über in den Spätsommer (die Chinesen kennen ihn als fünfte Jahreszeit), wird dann zum Herbst – bis schließlich der Winter einkehrt. Diese Wandlungsphasen, das Erwachen und Vergehen, werden über die fünf Elemente erklärt, die zur Grundlage der chinesischen Denkweise ge-worden sind. Die Medizin mit Akupunktur und Ernährungslehre, die Musik, die Kunst und die Astrologie, sie alle fußen auf dem Prinzip der Elemente: Holz, Feuer, Erde, Metall und Wasser. Die Elemente wiederum befinden sich in einem sogenannten Schöpfungs- und in einem Zerstörungszyklus, das heißt, sie stehen in Wechselwirkung zueinander (Seite 34f.).

Die fünf Elemente – Ausdrucksformen des Ch'i

Alle Dinge der sichtbaren und unsichtbaren Welt – auch wir – werden von diesen fünf Elementen repräsentiert. In der Natur sieht man sie in ihrer ursprünglichen Form: So steht ein See für das Element Wasser, ein Baum für Holz und der Boden unter unseren Füßen für Erde. Doch auch alles von Menschenhand Geschaffene ist eine Mischung aus diesen Elementen. Welches am jeweils stärksten vertreten ist, erfahren wir anhand der Eigenschaften, also zum Beispiel über Form und Farbe, kurz über die Energiequalität, die es symbolisiert. Die chinesische Philosophie kennt die Elemente Holz, Feuer, Erde, Metall und Wasser, die wir Ihnen nun näher vorstellen wollen.

Das Element Holz gilt als das erste Element. Es steht für den Frühling, den Beginn des Jahres. So wie in dieser Zeit die Natur erwacht und mit neuer Vitalität aus dem Boden emporsprießt, symbolisiert Holz das Hohe, Aufrechte – wie ein Baum, der sich gen Himmel streckt. Die Farbe des Holzelementes ist Grün, die Ausrichtung im Raum der Osten. Das Baumaterial Holz wird seit einigen Jahren auch bei uns immer beliebter. Vor allem für Möbel im Kinderzimmerbereich ist es wegen seiner nährenden Eigenschaften sehr gut geeignet. Menschen, die dem Holzelement angehören, erkennen wir an ihrem athletischen Körperbau. Die Qualität des Frühlings macht sie zu dynamischen, entschlußfreudigen und anpassungsfähigen Artgenossen. Ihre Ziele sind hochgesteckt und durch ihr aktives, zielgerichtetes Wesen erreichen sie langfristig dauerhafte Erfolge. Werden sie jedoch in ihrem Streben nach Höherem von ihrer Umwelt gebremst oder gar behindert, so reagieren sie unruhig, wütend oder gar jähzornig. Manchmal sind sie ungerecht gegenüber ihren Mitmenschen.

Foto rechts: Holz gehört zu den fünf Elementen. Es steht für den Frühling und symbolisiert das Hohe, Erhabene, nach oben Sprießende.

Bekannte „Holzmenschen“: Modemacher Giorgio Armani; Schlagersänger Bing Crosby; Computerpionier Steven Paul Jobs; Schauspielerinnen Sophia Loren und Shirley MacLaine; Rockstar Elvis Presley; Chansonsängerin Edith Piaf.

Das Element Holz steht für den Frühling, den Beginn des Jahres – das Erwachen der Natur.

Was das Element Holz verkörpert

Farbe:	Grün
Symbole und Form:	hoch, aufrecht, zylindrisch
Himmelsrichtung:	Osten
Jahreszeit/Tageszeit:	Frühling, früher Morgen
Sinnesorgan:	Auge
Mondphase:	zunehmender Mond
Gefühle/Geisteshaltung:	Großzügigkeit und Toleranz, Zorn und Ärger
Schöpfungszyklus:	Es nährt Feuer (durch Verbrennen) und wird genährt von Wasser (als Wachstumselement)
Zerstörungszyklus:	Es zerstört Erde (durch Nährstoffentzug) und wird zerstört von Metall (durch Zersägen, Zerschlagen)
Umgebung:	Wälder, hohe aufrechte Berge
Gebäudemerkmale:	Hochhäuser, Türme, Fabrikschornsteine
Materialien:	Holz, Korbwaren, Kork, Bambus
Gegenstände:	hohe Dekorationsgegenstände, Kerzenhalter
Möbel:	Holz- und Rattanmöbel, säulenförmige Möbel
Pflanzenwuchsformen:	nach oben sprießend, Hochstämme, Bonsai
Stoffe:	Baumwolle, grüne Stoffe
Muster:	vertikale Streifen

Das Element Feuer steht für Hitze und symbolisiert die wärmste Jahreszeit, den Sommer. Die Tagesqualität dieses Elements erleben wir am Mittag, wenn die wärmende Sonne am höchsten steht, die Himmelsrichtung ist der Süden. Feuer dient als Wärmequelle und besitzt trocknende und gestalterische Fähigkeiten. So entsteht aus dem feuchten Teig durch die Hitze im Ofen ein Brot. In unserer Wohnung symbolisiert die Küche – genauer der Herd, der Heizraum, ein Kamin oder Ofen – dieses Element. Die charakteristische Farbe des Feuers ist rot, seine Flammen steigen spitz nach oben. Genauso heißblütig ist der Feuermensch. Er besitzt einen wachen Verstand, der ihn unentwegt tätig sein läßt. Dieses Maximum an Energie erwartet er auch von anderen. Seine Sprunghaftigkeit verhindert bisweilen, daß er auch in den Genuß seiner Erfolge kommt, denn schon bevor er ganz oben ist, erlischt die Leidenschaft, und es treibt ihn an einen anderen Ort. Den Feuermenschen erkennen wir an seiner sportlich schlanken Figur, er ist gelenkig und drahtig. Er redet gern, ist manchmal skrupellos, wenn er nach oben geht (so, wie die Flamme hochzüngelt) und verbrennt sich häufig die Zunge.

In unserem Zuhause symbolisieren Herd, Heizung und auch Kerzen das Element Feuer. Die Energie schießt nach oben, die charakteristische Farbe ist rot. Allerdings reduzieren zu viele Kerzen in einem Raum den Sauerstoff und schwächen dadurch das Ch'i. Besser, wie hier, sind Windlichter im Freien.

Bekannte „Feuermenschen“: Schwimmerin Franziska van Almsick; General Wolf Graf Baudissin; Komiker Mel Brooks; Maler David Hockney; Politikerin Rita Süssmuth; Bischof Karl Lehmann; Dirigent Kurt Masur; Kabarettist Werner Schneyder.

Das Element Feuer steht für Hitze und symbolisiert den Sommer – die wärmste Jahreszeit.

Was das Element Feuer verkörpert

Farbe:	Rot
Symbole und Form:	spitz, scharfkantig, dreieckig
Himmelsrichtung:	Süden
Jahreszeit/Tageszeit:	Sommer, Mittag
Sinnesorgan:	Mund
Mondphase:	Vollmond
Gefühle:	Freude und Haß
Schöpfungszyklus:	Es nährt Erde (durch Asche) und wird genährt von Holz (als Brennstoff)
Zerstörungszyklus:	Es zerstört Metall (durch Schmelzen) und wird zerstört von Wasser (durch Löschen)
Umgebung:	spitze Berggipfel
Gebäudemerkmale:	Spitzdächer, (Kirch-)Türme
Materialien:	Kunstleder, Plastik
Gegenstände:	Kerzen, Lampen, offene Feuerstellen
Möbel:	rote Möbel, Möbel aus Kunststoffen, Dreiecktische
Pflanzenwuchsformen:	Pflanzen mit Blüten
Stoffe:	Kunstfasern, Latex, rote Stoffe
Muster:	Dreiecke, Zackenlinien

Das Element Erde steht für die Zeit der Ernte, für Fruchtbarkeit und Wachstum. Seine Jahreszeit ist der Spätsommer, die Energie ruhig und zentriert, denn dieses Element symbolisiert die Mitte. Erde entsteht aus der Asche des Feuers. Seine Farbe ist gelbbraun. Gebäude, die diesem

Was das Element Erde verkörpert

Farbe:	Gelb, Braun, Beige
Symbole und Form:	rechteckig, quadratisch, flach
Himmelsrichtung:	Zentrum, Mitte
Jahreszeit/Tageszeit:	Spätsommer, alle Übergänge
Sinnesorgan:	Zunge
Mondphase:	Vollmond und alle Übergänge
Gefühle/Geisteshaltung:	Grübeln, Ruhe und Sorge, Vernunft und Stabilität
Schöpfungszyklus:	Es nährt Metall (durch Hervorbringen) und wird genährt von Feuer (durch Asche)
Zerstörungszyklus:	Es zerstört Wasser (durch Aufsaugen) und wird zerstört von Holz (durch Nährstoffentzug)
Umgebung:	abgeflachte Hügel, Plateaus
Gebäudemerkmale:	rechteckiger Grundriß, abflachende Dächer
Materialien:	Terrakotta, Keramik, Porzellan
Gegenstände:	flache Schalen, Teller
Möbel:	niedrige Schränke oder Truhen, Bänke
Pflanzenwuchsformen:	nach unten hängend
Stoffe:	Leinen, gelbe, braune Stoffe
Muster:	marmoriert, waagerechte Streifen

Das Element Erde steht für die Zeit der Ernte, Fruchtbarkeit und Wachstum.

Element entsprechen, sind quadratisch mit flachen Dächern. Oft handelt es sich dabei um eher phantasielos gebaute Wohnblöcke oder Büros. Typische Erdmenschen sind etwa Beamte und/oder Schrebergärtner, die mit beiden Beinen fest auf der Erde stehen. Auf sie ist gewiß Verlaß, wenn auch Gespräche mit ihnen bisweilen eine Spur langweilig sein können, weil sie sich gerne sehr ausführlich über ein Thema auslassen, das vor allem sie selbst interessiert.

Bekannte „Erdmenschen": Maler Balthus; Tänzer Michail Nikolajewitsch Baryschnikow; Nationalökonom John Kenneth Gailbraith; Zoologe Hans Hass; Bildhauer Alfred Hrdlicka; Schriftstellerin Elsa Morante; Politikerin Eva Peron; Schauspielerin Romy Schneider; Fotografin Liselotte Strelow.

Das Element Metall weist unter den fünf Elementen die größte Dichte auf und gehört in die Zeit des Herbstes. Durch den Druck im Erdinnern werden die Mineralien zusammengepreßt. Daraus erwachsen die Metalle, die geschmolzen und dann zu Münzen für den Handel, aber auch zu Schwertern für den Krieg verarbeitet werden. Das silbrige Metall wird genährt von der Erde (es ist ihr Kind) und kontrolliert das Holz, denn die Axt spaltet das Holz. Metallformen sind sanft gerundet. Kuppeln, die sich über Tempeln wölben, entsprechen dem Element Metall. Metallmenschen haben oft einen gerundeten Rücken, neigen zu einem leichten Bauchansatz und sind untersetzt. Sie sind bevorzugt in sozialen Berufen tätig, oft auch in geistlichen. Doch sie sprechen nicht nur von Moral und Ethik, sie versuchen, diese hohen Ideale auch zu leben. Nicht immer gelingt ihnen das, so daß sich dieser innere Konflikt dann über Hautunreinheiten äußern kann.

Foto rechts: Zu den Materialien des Elements Metall gehört Silber, das in der Form von schmückenden Accessoires gut zur Geltung kommt.

Bekannte „Metallmenschen": Schriftsteller Umberto Eco; Verhaltensforscherin Diane Fossey; Bundeskanzler Helmut Kohl; Schauspielerin Inge Meysel; Opernsängerin Anna Moffo; Fußballegende Pelé; Bildhauerin Niki de Saint-Phalle.

Das Element Metall weist unter den fünf Elementen die größte Dichte auf.

Was das Element Metall verkörpert

Farbe:	Weiß, Silber, Grau, Gold
Symbole und Form:	rund, oval
Himmelsrichtung:	Westen
Jahreszeit/Tageszeit:	Herbst, früher Abend
Sinnesorgan:	Nase
Mondphase:	abnehmender Mond
Gefühle:	Vertrauen, Kummer, Trauer
Schöpfungszyklus:	Es nährt Wasser (durch Verflüssigung) und wird genährt von Erde (durch Hervorbringung)
Zerstörungszyklus:	Es zerstört Holz (durch Schlagen: Axt, Säge) und wird zerstört von Feuer (durch Schmelzen)
Umgebung:	gerundete Hügelkuppen
Gebäudemerkmale:	Kuppeldächer, Rundbögen
Materialien:	Gold, Silber, Kupfer, Messing, Eisen
Gegenstände:	Schmiedeeisernes, runde Bilderrahmen
Möbel:	Metallmöbel (Regale, Betten, Schränke)
Pflanzenwuchsformen:	große, runde Blätter, kugelförmig geschnittene Pflanzen, Nadelgehölze
Stoffe:	durchwirkte Stoffe, Lurex, Brokat
Muster:	Punkte, Bögen, Halbkreise

Das Element Wasser steht für die kalte Jahreszeit, den Winter. Wasser hat die Eigenschaft, den Weg des geringsten Widerstandes zu gehen, es steht für Ruhe und Tiefe. Die alten Chinesen nannten das Wasser „das Blut des Lebens". Seine Farbe ist Blau bis Dunkelblau. Es wird vom Me-

Was das Element Wasser verkörpert

Farbe:	Blau, Dunkelblau, Schwarz
Symbole und Form:	unregelmäßig, horizontal, wellenförmig
Himmelsrichtung:	Norden
Jahreszeit/Tageszeit:	Winter, Nacht
Sinnesorgan:	Ohren
Mondphase:	Neumond
Gefühle:	Angst und Mut, Bescheidenheit
Schöpfungszyklus:	Es nährt Holz (als Wachstumsmittel) und wird genährt von Metall (durch Verflüssigung)
Zerstörungszyklus:	Es zerstört Feuer (durch Löschen) und wird zerstört von Erde (durch Aufsaugen)
Umgebung:	Bach, Fluß, See, Meer
Gebäudemerkmale:	unregelmäßig, große Glasfenster
Material:	Glas
Gegenstände:	Zimmerbrunnen, Wasserspiele, Aquarien
Möbel:	Glastische, Glasvitrinen
Pflanzenwuchsformen:	unregelmäßig, wellig
Stoffe:	Seide, Satin
Muster:	Wellenlinien, uneinheitliche Muster

Das Element Wasser steht für die kalte Jahreszeit und für Ruhe und Tiefe.

tall genährt und hält das Feuer im Zaum. Wo immer wir Gebäude sehen, bei denen die Unregelmäßigkeit zum Baustil gehört, wo eines fließend in das andere übergeht, haben wir es mit „Wasserarchitektur" zu tun. Wassermenschen sind in vielen Fällen hager und nervös. Da sie dem kalten Element angehören, frösteln sie leicht und suchen die Wärme. Sie arbeiten gern in kommunikativen Berufen und wollen den Dingen auf den Grund gehen. Man findet unter ihnen Journalisten, Pressesprecher, aber auch Mitarbeiter von Brauereien, auch hier fließt ja alles …

Die fünf Elemente für Schöpfungs- und Zerstörungszyklus. Im Schöpfungszyklus (links unten) nährt Holz Feuer, Feuer nährt Erde, Erde nährt Metall, Metall nährt Wasser, Wasser nährt Holz. Im Zerstörungszyklus (rechts unten) zerstört Holz Erde, Erde zerstört Wasser, Wasser zerstört Feuer, Feuer zerstört Metall, Metall zerstört Holz.

Bekannte „Wassermenschen": Biophysiker Johann Deisenhofer; Geigerin Anne-Sophie Mutter; Dichterin Sylvia Plath; Publizistin Alice Schwarzer; Exkaiserin Soraya; Journalist Günter Wallraff; Erfinder Felix Wankel.

Der Schöpfungs- und Zerstörungszyklus

Das also sind sie, die fünf Elemente, die unsere Wirklichkeit formen. Natürlich existieren sie nicht losgelöst voneinander, sondern gehen in sogenannten Wandlungsphasen ineinander über. Befinden sich alle Elemente im Gleichgewicht, nährt ein Element das andere. Diesen Zyklus nennt man Schöpfungszyklus. Ist die Harmonie der Elemente gestört, setzt der Zerstörungszyklus ein.

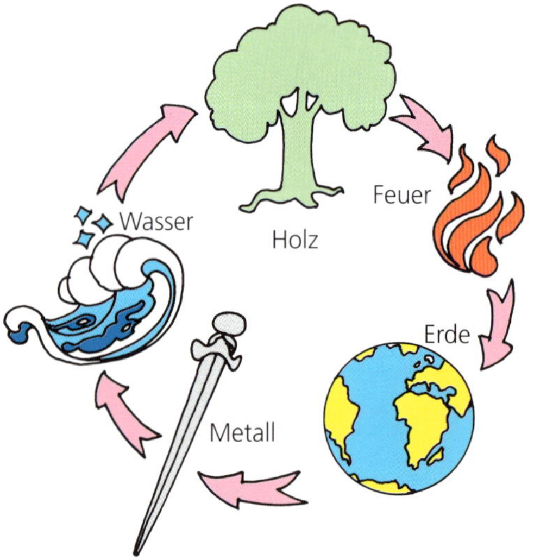

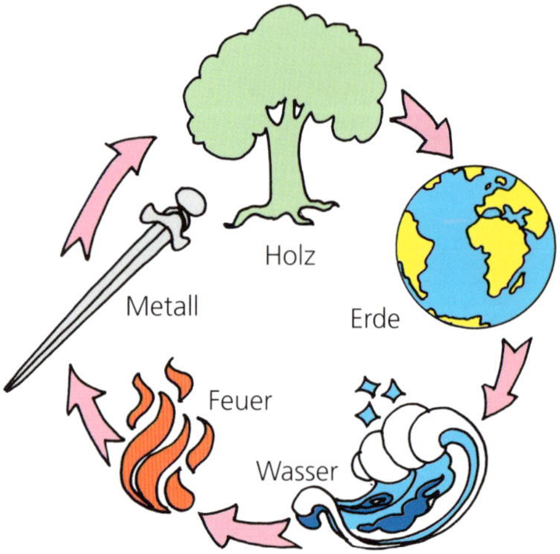

Dann sind die Energiequalitäten nicht mehr ausgewogen. Es überwiegt also ein Element und zieht ein Ungleichgewicht aller anderen nach sich. Um diese Disharmonie im Schöpfungszyklus auszugleichen, setzt der Zerstörungszyklus ein. Er bezeichnet die kontrollierende Beziehung der Elemente zueinander.

Das persönliche Element

Bevor wir nun näher auf Ihr persönliches Element eingehen, sind einige einleitende Sätze notwendig. Wie wir bereits gesehen haben, richten sich die Chinesen in ihrem Kalender nach dem Mond (Yin) und nicht, wie wir, nach der Sonne (Yang). So berechnen die Söhne des Himmels ihr Neujahr nach dem Mondzyklus, weshalb es nicht wie bei uns auf den 1. Januar, sondern auf die Zeit zwischen Mitte Januar und Mitte Februar fällt. Auf diese Weise wird in China auch das Geburtsjahr berechnet – und anhand der Tabelle (siehe S. 36) können auch Sie Ihr persönliches Element bestimmen.

Wir haben die Aufgabe, unser persönliches Element auszugleichen. Das heißt, das was uns fehlt zu entwickeln und/oder das Zuviel abzubauen.

Alle fünf Elemente, von denen eines das Leben jedes einzelnen dominiert, stellen stets eine Eigenschaft des Ch'i dar. Und je nachdem, in welchem Zeitabschnitt der Mensch geboren wurde, haben also Feuer, Wasser, Metall, Holz oder Erde einen bestimmenden Einfluß auf denjenigen, der unter dem Zeichen seines Elementes das Licht der Sonne (oder das des Mondes) erblickte.

Wie passen die Elemente zusammen?

Die Elemente, die uns und unsere Umwelt verkörpern, wirken sich auf alle Lebensbereiche aus. So kann zum Beispiel eine Beziehung zwischen einem Feuer- und Wassermenschen schwierig werden, denn Feuer löscht Wasser. Die nachfolgende Tabelle (siehe Seite 38) zeigt Ihnen günstige und ungünstige Verbindungen.

Die Chinesen berechnen Neujahr nach dem Mondzyklus. Danach fällt das Mond-Neujahr auf einen Zeitpunkt zwischen Mitte Januar und Mitte Februar. Genauso werden die Geburtsjahre berechnet, die für die Bestimmung des Elementes wichtig sind.

Ihr persönliches Element

Jahr	von	bis	Element
1910 – 1911	10. Februar 1910	– 17. Februar 1912	**Metall**
1912 – 1913	18. Februar 1912	– 25. Januar 1914	**Wasser**
1914 – 1915	26. Januar 1914	– 02. Februar 1916	**Holz**
1916 – 1917	03. Februar 1916	– 10. Februar 1918	**Feuer**
1918 – 1919	11. Februar 1918	– 19. Februar 1920	**Erde**
1920 – 1921	20. Februar 1920	– 27. Januar 1922	**Metall**
1922 – 1923	28. Januar 1922	– 04. Februar 1924	**Wasser**
1924 – 1925	05. Februar 1924	– 12. Februar 1926	**Holz**
1926 – 1927	13. Februar 1926	– 22. Januar 1928	**Feuer**
1928 – 1929	23. Januar 1928	– 29. Januar 1930	**Erde**
1930 – 1931	30. Januar 1930	– 05. Februar 1932	**Metall**
1932 – 1933	06. Februar 1932	– 13. Februar 1934	**Wasser**
1934 – 1935	14. Februar 1934	– 23. Januar 1936	**Holz**
1936 – 1937	24. Januar 1936	– 30. Januar 1938	**Feuer**
1938 – 1939	31. Januar 1938	– 07. Februar 1940	**Erde**
1940 – 1941	08. Februar 1940	– 14. Februar 1942	**Metall**
1942 – 1943	15. Februar 1942	– 24. Januar 1944	**Wasser**
1944 – 1945	25. Januar 1944	– 01. Februar 1946	**Holz**
1946 – 1947	02. Februar 1946	– 09. Februar 1948	**Feuer**
1948 – 1949	10. Februar 1948	– 16. Februar 1950	**Erde**
1950 – 1951	17. Februar 1950	– 26. Januar 1952	**Metall**
1952 – 1953	27. Januar 1952	– 02. Februar 1954	**Wasser**
1954 – 1955	03. Februar 1954	– 11. Februar 1956	**Holz**
1956 – 1957	12. Februar 1956	– 17. Februar 1958	**Feuer**

Ihr persönliches Element

Jahr	von	bis	Element
1958 – 1959	18. Februar 1958	– 27. Januar 1960	**Erde**
1960 – 1961	28. Januar 1960	– 04. Februar 1962	**Metall**
1962 – 1963	05. Februar 1962	– 12. Februar 1964	**Wasser**
1964 – 1965	13. Februar 1964	– 20. Januar 1966	**Holz**
1966 – 1967	21. Januar 1966	– 29. Januar 1968	**Feuer**
1968 – 1969	30. Januar 1968	– 05. Februar 1970	**Erde**
1970 – 1971	06. Februar 1970	– 15. Januar 1972	**Metall**
1972 – 1973	16. Januar 1972	– 22. Januar 1974	**Wasser**
1974 – 1975	23. Januar 1974	– 30. Januar 1976	**Holz**
1976 – 1977	31. Januar 1976	– 06. Februar 1978	**Feuer**
1978 – 1979	07. Februar 1978	– 15. Februar 1980	**Erde**
1980 – 1981	16. Februar 1980	– 24. Januar 1982	**Metall**
1982 – 1983	25. Januar 1982	– 01. Februar 1984	**Wasser**
1984 – 1985	02. Februar 1984	– 08. Februar 1986	**Holz**
1986 – 1987	09. Februar 1986	– 16. Februar 1988	**Feuer**
1988 – 1989	17. Februar 1988	– 26. Januar 1990	**Erde**
1990 – 1991	27. Januar 1990	– 03. Februar 1992	**Metall**
1992 – 1993	04. Februar 1992	– 09. Februar 1994	**Wasser**
1994 – 1995	10. Februar 1994	– 18. Februar 1996	**Holz**
1996 – 1997	19. Februar 1996	– 27. Januar 1998	**Feuer**
1998 – 1999	28. Januar 1998	– 04. Februar 2000	**Erde**
2000 – 2001	05. Februar 2000	– 11. Februar 2002	**Metall**
2002 – 2003	12. Februar 2002	– 21. Januar 2004	**Wasser**
2004 – 2005	22. Januar 2004	– 28. Januar 2006	**Holz**

Die Elemente, die uns und unsere Umwelt verkörpern, wirken sich auf alle Lebensbereiche aus. Eine Beziehung zwischen Holz und Feuer wird harmonisch verlaufen, wogegen eine Verbindung von Feuer und Wasser Schwierigkeiten bringen kann.

Günstige und ungünstige Kombinationen der Elemente (anzuwenden in allen Bereichen)

1. Element	2. Element	Beziehung	Ausgleich	Farbe
Holz	Holz	harmonisch	–	grün
Holz	Feuer	harmonisch	–	grün
Holz	Erde	unharmonisch	Feuer	rot
Holz	Metall	unharmonisch	Wasser	blau
Holz	Wasser	harmonisch		blau
Feuer	Feuer	harmonisch	–	rot
Feuer	Erde	harmonisch	–	rot
Feuer	Metall	unharmonisch	Erde	gelb
Feuer	Wasser	unharmonisch	Holz	grün
Erde	Erde	harmonisch	–	gelb
Erde	Metall	harmonisch	–	gelb
Erde	Wasser	unharmonisch	Metall	grau
Metall	Metall	harmonisch	–	weiß
Metall	Wasser	harmonisch	–	weiß
Wasser	Wasser	harmonisch	–	blau

Noch ein Gedanke zur Partnerproblematik: Denken wir auch bei den eigentlich unharmonischen Elementeverbindungen strikt positiv und sagen wir's mit einem westlichen Sprichwort: „Gegensätze ziehen sich an!" Und nicht nur das! Unserer Erfahrung nach sind es oft diese – bisweilen recht stürmischen und anstrengenden – Beziehungen, die eine besondere Herausforderung für die Liebenden sind. Freilich bedürfen gerade solche Paare eines Vermittlers. Ein gemeinsamer Freund oder eine gemeinsame Freundin kann zwischen dem Paar mit einem guten Rat, mehr noch mit verständnisvollem Zuhören, wieder Harmonie stiften. Aber auch die Wohnungseinrichtung muß stimmen, um ein Gleichgewicht herzustellen.

Bitte sehen Sie das persönliche Element nicht immer als unbedingt zwingend an. Auch wir (ver)wandeln uns lebenslang. Lebendiges Feng Shui besteht gerade auch darin, momentane Einflüsse zu erkennen und sie gezielt auszugleichen. Auf diese Weise können persönliche Entwicklungsprozesse unterstützt werden.

Lebendiges Feng Shui besteht auch darin, momentane Einflüsse zu erkennen und wirksam auszugleichen.

Wenn Feuer und Wasser zusammenkommen. Am besten läßt sich all das mit einer beispielhaften Geschichte aus unserem Bekanntenkreis verdeutlichen: Susanne und Johannes leben seit drei Jahren zusammen. Er ist ein Kollege des Autors, ein freier Journalist und Schriftsteller, sie arbeitet als Heilpraktikerin. Vor eineinhalb Jahren bauten sie sich ihr Traumhaus im Grünen. Und nach und nach driftete ihr Zusammenleben in Richtung Alptraum.

Johannes hatte fast zeitgleich mit dem Einzug eine Pechsträhne entwickelt. Auf unerklärliche Weise zerschlugen sich Aufträge, die er fest eingeplant hatte; eine Artikelserie, bei der er die Federführung übernommen hatte, wurde um ein Jahr verschoben und ein Verlag kündigte die Zusammenarbeit. Johannes verdiente sehr viel weniger als erwartet. Mein Kollege war ehrlich genug zuzugeben, daß das Schicksal durchaus nicht „blind zuschlug". Er selbst fühlte sich ausgebrannt, es fehlte ihm an zündenden Ideen und Schwung.

Ganz anders ging es indes Susanne. Ihre eben gegründete Praxis war stets gefüllt. Von ihrer früheren Schüchternheit im Umgang mit Menschen war nichts mehr zu spüren. Nur zweierlei bedrückte sie: Bisweilen fühlte sie sich, trotz neugewonnener Energie, doch ein wenig überlastet. Um so mehr ärgerte sie sich deshalb über Johannes, der im Haus herumtrödelte und -träumte und dabei seine Haushaltspflichten vernachlässigte. Nach einem 12-Stunden-Job in der Praxis ihrem Johannes hinterherzuräumen, empfand Susanne als eine richtiggehende Frechheit. Der Ton zwischen ihnen wurde schärfer, die Partnerschaft geriet in Gefahr. So war ihre Situation, als die beiden uns um Hilfe baten.

In einer Lebensgemeinschaft kann schlechtes Feng Shui eines Partners die Beziehung stark gefährden.

An einem Sonntagnachmittag setzten wir uns zu viert zusammen. Anhand der Geburtstabelle schauten wir uns zuerst einmal an, welches Element im Leben der beiden dominierte. Es stellte sich heraus: Johannes war ein „Feuermann", seine Freundin eine „Wasserfrau". Laut Feng Shui nicht eben die harmonischste Verbindung, denn: Wasser löscht Feuer. Susanne hatte bei der Einrichtung des Hauses damals ganz intuitiv ihr Element unterstützt, das aber ging zu Lasten ihres Mannes.

Die Farbe des Elementes Wasser (Blau) beherrschte das Haus. Bereits der Gartenzaun und die Fensterläden waren blau gestrichen. Auf dem Schlafzimmerboden breitete sich ein hellblauer Teppich aus, die Bilder an den Wänden waren Reproduktionen aus der blauen Periode von Picasso, auf dem Nachttisch stand eine dunkelblaue Vase gefüllt mit Susannes Lieblingsblumen: Vergißmeinnicht. Die Gardinen waren verspielt, man möchte fast sagen, wellig drapiert. Und natürlich schliefen beide auf einem Wasserbett ...

Zum Einzug hatte Susanne ihrem Johannes einen blauen Schreibtisch mit gleichfarbigem Bürostuhl gekauft. Zum 40. Geburtstag schenkte sie ihm eine Kleinplastik mit dem bezeichnenden Titel „Die Welle" – und so sah sie denn auch aus. Im ganzen Haus, auf den Treppen und dem Boden standen buntbemalte Holzenten (noch einmal Wasserelemente), die Susanne seit vielen Jahren sammelte.

Der Fall Johannes und Susanne war wirklich wie aus dem Feng-Shui-Lehrbuch (und das ist durchaus nicht selten ...). Die Wasserfrau Susanne hatte mit ihrer „Wohnungseinrichtung in Blau" und den Formen ihrer bevorzugten Einrichtungsgegenstände sich selbst überaus gestärkt (und dann mit Arbeit zu sehr zugeschüttet) – und zugleich das Feuer ihres Partners gelöscht.

Wenn wir nun Heilmittel des Feng Shui einsetzen, so wollen wir immer einen Ausgleich schaffen. So möchten wir zum Beispiel die beschleunigte und geradlinige Sha-Energie, die in einem langen Flur entsteht, bremsen und zerstreuen. Das gelingt uns durch Pflanzen, Flöten, Klangspiele oder dekorativ drapierte, weich fließende Stoffe, an denen das Ch'i verweilen und wieder in die ursprünglich fließende Bewegung gebracht werden kann. Wenn wir eine neue Wohnung suchen, achten wir stets darauf, ob sie genügend Sonnenlicht hineinläßt, damit wir in unserem Zuhause nicht nur entspannen, sondern auch Energie tanken können. Wohnen wir dagegen im Dachgeschoß eines Hauses, das ringsherum mit Glas umbaut ist, wird die Sonne mit ihrer Energie zuviel des Guten sein. Hier sollten wir kühlende Maßnahmen ergreifen und uns mit Fensterläden, Markisen oder Vorhängen vor der Hitze schützen. Gutes Feng Shui ist also eine Frage des Gleichgewichtes (Tao) zwischen den Polaritäten Yin und Yang.

Gutes Feng Shui ist das Gleichgewicht zwischen den Polaritäten Yin und Yang. Wenn „Er" Wasser ist und „Sie" Feuer, wirkt das Element Holz vermittelnd.

Unser Ratschlag für Johannes und Susanne, der befolgt wurde, hieß: Das Übergewicht des Wassers muß zugunsten des Feuers ausgeglichen werden. Vor allem aber brauchen wir das vermittelnde Element Holz. Die beiden gestalteten mit ein wenig Aufwand ihr Haus so um:

- Draußen konnte das Blau der Zäune und Fenster durch rotblühende Stauden ausgeglichen werden. Der Zugang zum Haus wurde durch rote Tontöpfe verschönert, in denen kräftige grüne Pflanzen, zum Beispiel Koniferen, wachsen.
- Auf der Kommode von Johannes' Arbeitszimmer stehen nun eine Schale mit Blüten und Bergkristallen und in der Mitte eine rote Kerze,

damit das Element Wasser ihm zwar Geld und Erfolg bescheren kann, ihn aber nicht „ertränkt".

- Die blaue Farbe des stilvollen Schreibtisches abzubeizen, wäre eine Schande, aber als Ausgleich liegt nun ein schöner, roter Rohrubin auf dem Tisch, und auf dem Fensterbrett des Arbeitszimmers blüht feurig ein Hibiskus.

Das Übergewicht eines Elementes muß immer zugunsten des anderen ausgeglichen werden.

- Der blaue Schlafzimmerteppich mußte raus, die Dielen ziert jetzt ein grüner Läufer. Die Gardinen bekamen schnell ein anderes Gesicht. Mit grüner Textilfarbe wurde aus dem ehemals blauen Fensterschmuck nun ein blaugrüner, der ohne Schnörkel zum Boden fällt. Das Schlafzimmer ist nun neutral, und jeder der beiden kann während der Nachtruhe seine Energien ungestört auftanken.
- Das Wasserbett mußte verschwinden. Und zwar nicht nur aus Feng-Shui-Gründen. Im praktischen Teil werden wir noch genauer darauf eingehen, daß die elektromagnetischen Ausstrahlungen, die Nebenwirkung der Elektrizität, krank machen können. Und unsere handelsüblichen Wasserbetten sind ausgesprochene „Strahlensünder". Eine Tatsache, von der die alten Chinesen natürlich noch nichts gewußt haben.

Foto rechts: In jedem Fall gutes Feng Shui: Pflanzen sorgen für eine höhere Energie in Wohnräumen und bremsen die geradlinige Sha-Energie, die in langen Fluren entsteht. Sind die Pflanzen am Fenster postiert, verhindern sie zudem, daß Ch'i abwandert.

Alles, was Susanne in die Gemeinschaft eingebracht hatte, ist geblieben. Doch die blauen Picasso-Reproduktionen hängen nun nicht mehr direkt über dem Eßplatz von Johannes, sondern schmücken die gegenüberliegende Wand zwischen den Naturholzmöbeln. Und die Kleinplastik „Welle" bildet einen besonderen Kontrast zur alten liebgewonnenen Lampe der Großmutter.

Es bleibt nun dem Leser überlassen, an Zufall zu glauben oder nicht, wenn wir verraten: Kurz nach der Neugestaltung seines Heims hat Johannes den Auftrag erhalten, eine Enzyklopädie für Kinder zu verfassen, die ihn mindestens drei Jahre gut(bezahlt) beschäftigen wird. Susanne wiederum hat beschlossen, sich auf Hauterkrankungen zu spezialisieren – und zugleich ihre Praxis nur noch für drei volle Tage in der Woche zu öffnen.

Die Zahlenmagie des Feng Shui

Wir wissen ja, daß der Charakter eines Hauses durch die Form, den Baustil und die Ausrichtung der Tür bestimmt wird. So haben alle Dinge, also auch die Zahlen, eine Form und einen Klang – kurzum, ihre ganz eigene Energiequalität. Auch Sie können sie erspüren, wenn Sie sie anschauen (Form) oder aussprechen (Klang).

Zahlen haben wie jedes andere Ding eine eigene Form und einen eigenen Klang – und damit eine eigene Energiequalität, die für uns günstig, aber auch ungünstig sein kann.

In China beispielsweise gilt die „4" als eine Unglückszahl. Der Grund ist einfach genug: Das chinesische Wort für 4 klingt so ähnlich wie Tod. Und so schwingt denn im Unterbewußtsein, wenn jemand diese Zahl ausspricht, stets die Erinnerung an das Ende des Lebens mit. Obwohl die 4 für uns nicht diesen Klang besitzt, gilt sie auch bei uns nicht eben als Glückszahl. Schuld daran ist nicht der Klang, sondern die Form. Die 4 ist eckig und scharf (der Chinese würde sagen: Die Zahl versendet böse Pfeile) und erinnert uns an das Kreuz und den Martertod von Jesus Christus. Und bis heute spricht man ja davon, wenn es einer unter uns besonders schwer hat (oder auch schwer nimmt): Er hat ein Kreuz zu tragen!

Kommen wir nun zur Symbolik und Bedeutung der einzelnen Zahlen:

- 1 = Diese Zahl steht für einen (glücklichen) Anfang, sei's im Beruf oder in der Liebe.
- 2 = Wir sind „zweigeteilt".
- 3 = Bei einer bedrohten Partnerschaft oder im Beruf kann diese Zahl bedeuten: Jemand Drittes wird euch/dir helfen.
- 4 = Eine Unglückszahl (siehe oben).
- 5 = Laut den Chinesen bringt diese Zahl Glück.
- 6 = Dir stehen alle Wege offen, die du in gutem Kontakt mit deinen Mitmenschen gehen wirst. Die Kommunikation fließt …
- 7 = Mit dieser Zahl bezeichnet man in China sowohl Diebe als auch Frauen. Nehmen wir's positiv: Eine schöne Frau (oder ein schöner Mann) stiehlt dir dein Herz …
- 8 = Die liegende 8 symbolisiert das Unendlichkeitszeichen und bedeutet daher Gutes: Spiritualität und Fülle.

- 9 = Ein Krankenzimmer mit dieser Nummer würden wir als positives Vorzeichen betrachten: Sie steht für ein langes Leben.

So weit, so klar. Doch welche Symbolik steckt nun in mehrstelligen Zahlen? Ganz einfach, man rechnet jede einzelne Zahl zusammen, bis sie wieder einstellig wird. Das nennen wir bekanntlich die Quersumme. Wählen wir wieder ein sehr anschauliches Beispiel für uns Westeuropäer: die „13"! Und siehe da: 1 + 3 = 4. Kann es wirklich Zufall sein, daß die abendländische „13", die Unglückszahl schlechthin, eigentlich eine „4" ist? Das Quersummensystem läßt sich einfach auf alle Zahlenfolgen (Telefonnummer, Geburtsdaten, Hausnummern, Tageszeiten etc.) anwenden.

Die böse 13

Dreizehn bei Tisch? Kein Problem. Stellen Sie einfach einen vierzehnten Stuhl auf, und setzen Sie einen großen Teddybären darauf. So verwandeln Sie ganz schnell Unglück in Glück.

Unterscheiden wir Westeuropäer uns wirklich so von den zahlengläubigen Chinesen? Wir denken: nein. Auch dazu ein kleines Exempel. Zu seinem 31. Geburtstag (Mein Gott: 3 +1= 4!) hatte der Autor, damals noch Redakteur, seine Kollegen geladen. Wir hatten uns alle um den großen runden Tisch im Wohnzimmer versammelt, als auf einmal der als sehr kühl und rational bekannte Chef des Wirtschaftsressorts aufsprang. „Thomas, ich gehe. Wir sind ja 13 am Tisch!" – Ich gab zurück: „Was, ausgerechnet du glaubst an diesen Quatsch?" Er antwortete: „Natürlich nicht, aber es ist nun mal bekannt, daß die 13 Unglück bringt. Mit Aberglauben hat das gar nichts zu tun!" Sprach's – und ward nicht mehr gesehen ...

Ob 13 bei Tisch oder eine ungünstige Telefonnummer. Immer gibt es Tricks, die Situation zu verbessern! Laden Sie als 14. Gast einen Teddybären ein, oder hängen Sie an Ihre Telefonnummer die Zahl, mit der Sie Ihre gewünschte Quersumme erhalten. Ein Beispiel: Unser Anschluß hat die Nummer 40 46 07, das macht rechnerisch: 4+0+4+6+0+7 = 21. Von der Summe 21 bilden wir die Quersumme: 2+1= 3. Angenommen wir möchten nun die Quersumme 8 erhalten. In diesem Fall müßten wir eine 5 an die Telefonnummer mogeln. Keine Angst, Sie bleiben trotzdem er-

Kleine Tricks beim Verändern der Hausnummer oder die Zuteilung einer neuen Telefonnummer können Ihnen genau die Zahl liefern, die Sie für Ihre Ziele benötigen.

reichbar, weil immer nur die regulären Nummern geschaltet werden. Was aber tun, wenn wir in einem Haus mit der Nummer 4 (oder 13) wohnen? Bloß keine Panik! Taufen Sie es einfach für sich um. Einem Freund mit der Hausnummer 4 haben wir bei seiner Wohnungseinweihung ein besonders symbolträchtiges Geschenk gemacht: Und zwar eine winzige 2 aus Metall, die man – von Postboten und Besuchern unbemerkt – vor die 4 schrauben konnte. Für sich selbst besaß er nun die Hausnummer 24 mit dem Symbolwert der 6. Und da die 6 auch für Kommunikation steht, war dies genau die Zahl, die unser Freund, der Journalist ist, für sein berufliches Weiterkommen gebrauchen kann.

Noch eine „13"-Geschichte aus Asien: Vor einigen Jahren besuchten wir eine Freundin auf den Philippinen. Und waren sogleich wieder beim Thema. Ihr Ehemann nämlich, Chef eines Großunternehmens, kam an diesem Abend sehr spät nach Hause. Im Büro aufgehalten hatten ihn Feng-Shui-Probleme. Und das war passiert: Eine Unternehmergruppe aus Deutschland hatte neben dem Fabrikationskomplex auch das Verwaltungsgebäude gebaut. Feierlich sollte alles von dem damaligen Präsident Marcos eingeweiht werden. Aber im letzten Augenblick entdeckten die Berater der philippinischen Konzernspitze, daß – oh Unglück – 13 Stufen steil und geradewegs vom Haupteingang hinaufführten. Hier gab es nichts mehr zu harmonisieren: Die sehr teure Treppe aus edlem Holz mußte abgerissen werden und bekam in aufreibender Tag-und-Nacht-Arbeit nun eine schön geschwungene Form – und natürlich hatte man sich mit 12 Stufen zu begnügen. Erst jetzt konnte die Firmenzentrale von höchster Stelle aus eingeweiht werden.

Vielleicht werden Sie denken, daß diese Zahlensymbolik nur dann wirkt, wenn man daran glaubt. Inzwischen haben die chinesischen und Feng-Shui-geschulten Menschen mehr als 20 Prozent der Weltbevölkerung erreicht. Stellen Sie sich das Potential der Gedankenkraft von einem Fünftel der Erdbevölkerung vor, die überzeugt sind, daß die „4" eine negative Zahl oder sogar die Zahl des Todes ist. Die Gedankenkraft dieser Menge von Menschen ist so stark, daß sie auch auf uns Europäer wirkt.

Die Feng-Shui-Maße

Diese Zahlenmystik zieht sich durch alle Bereiche des Feng Shui und macht auch nicht vor Einrichtungsgegenständen und Möbeln halt. So sagt man, daß bestimmte Maße Glück und Reichtum, andere aber Trennung, Krankheit und Verlust symbolisieren. Zu diesem Zweck verwendet man das Feng-Shui-Lineal, an dem man sich einfach orientieren kann. Grundlage für dieses Lineal ist der Feng-Shui-Fuß mit einer Länge von 43 cm. Diese 43 cm werden wiederum in acht Abschnitte unterteilt:

Die acht Abschnitte des Feng-Shui-Fußes und ihre Symbolik

Abschnitt 1. Fuß	**Maße**	**Symbolik und Bedeutung**
1.	0 – 5,4 cm	Reichtum
2.	5,5 – 10,7 cm	Krankheit
3.	10,8 – 16,1 cm	Trennung
4.	16,2 – 21,4 cm	Gerechtigkeit
5.	21,5 – 26,8 cm	Gutes Gelingen / Beförderung
6.	26,9 – 32,1 cm	Raub / Verlust
7.	32,2 – 37,5 cm	Zufall
8.	37,6 – 42,9 cm	Ursprung / Einheit

Abschnitt 2. Fuß	**Maße**	**Symbolik und Bedeutung**
1.	43,0 – 48,4 cm	Reichtum
2.	48,5 – 53,7 cm	Krankheit
3.	53,8 – 59,1 cm	Trennung
4.	59,2 – 64,4 cm	Gerechtigkeit
5.	64,5 – 69,8 cm	Gutes Gelingen / Beförderung
6.	69,9 – 75,1 cm	Raub / Verlust
7.	75,2 – 80,5 cm	Zufall
8.	80,6 – 85,9 cm	Ursprung / Einheit

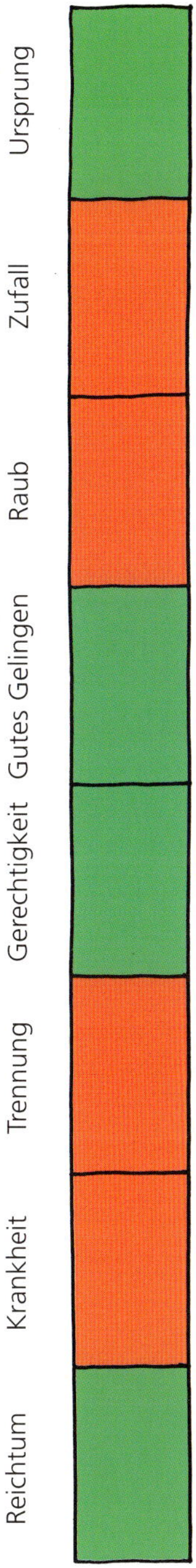

In den obenstehenden Tabellen sehen Sie die beiden ersten Phasen. Diese Reihe kann man endlos fortsetzen, denn alle 43 Zentimeter wiederholt sich ein Zyklus, der auch wiederum immer in die acht Bereiche unterteilt wird.

Für das Ausmessen von Möbeln oder größeren Gegenständen basteln und bekleben Sie nach dem gleichen Prinzip ein Maßband. So können Sie die Glücksmaße auch in größerem Stil anwenden.

Wenn Sie sich die umständliche Rechnerei ersparen wollen, dann empfehlen wir Ihnen, sich ein eigenes Feng-Shui-Lineal zu gestalten. Kaufen Sie ein Lineal von mindestens 43 Zentimeter Länge, dazu farbige Klebebänder in den Farben Rot und Grün. Kleben Sie dann unterhalb der Meßleiste die entsprechenden Abschnitte mit dem passenden Klebeband ab. Damit Sie nun immer gleich auf den ersten Blick sehen, in welchem Bereich der Symbolik und Bedeutung Sie sich gerade bewegen, schreiben Sie mit einem Folienschreiber die jeweiligen Bedeutungen auf den Klebestreifen.

Wir können nun diese Maße nutzen, um unsere Ziele zu unterstützen. Zunächst einmal: Vermeiden Sie möglichst die roten Felder auf Ihrem Lineal. Alles sollte im grünen Bereich sein. Dazu ein sinnfälliges Beispiel:

- Überrascht hat uns die Visitenkarte, die uns ein chinesischer Geschäftsmann überreicht hat. Sie war, gemessen an den bei uns gebräuchlichen Mustern, geradezu winzig. Als wir später begannen, in unserem Alltag Feng Shui zu praktizieren, haben wir sie nachgemessen – und verstanden: Sie maß nämlich 5,4 cm Breite und 3,4 cm Länge. Diese Maßeinheit verspricht nach dem Feng-Shui-Lineal Reichtum. Heute wundern sich manchmal unsere Geschäftspartner über unsere so überaus kleinen Visitenkarten. Aber: Sie fallen auf. Und damit auch der, der sie überreicht …

Das Bagua

In der Welt, in der wir leben, geschieht nichts zufällig und ohne Sinn – und alle Ereignisse sind miteinander verbunden und verknüpft. Wir sind Teil eines großen Ganzen, vom Anfang dieser Erde bis zu ihrem Ende. So lautet die Kernaussage des chinesischen „I Ging" („Buch der Wandlungen"), eines der ältesten Orakelbücher der Menschheit. Das Grundsymbol des „I Ging" ist ein gleichseitiges Achteck. Es ist das Glückssymbol des Feng Shui und aus ihm erwuchs das Bagua.

Das Bagua ist ein Hilfsmittel, mit dem wir unser Wohnumfeld analysieren können – und zwar im großen wie im kleinen: vom Grundstück, über die Wohnung, zum einzelnen Zimmer bis hin zum Schreibtisch. Das Bagua fußt auf der Theorie, daß jeder Raum, jede Form, jeder Körper ein einheitliches Ganzes bildet. Mit dem Bagua gelingt es uns, bestimmte Energiequalitäten der Wohnung bewußt zu entdecken. Das geschieht über die neun Bereiche des Bagua. Sie sind den wichtigsten Lebenszielen zugeordnet und können über bestimmte Symbole und bewußte Gestaltung aktiviert werden.

Um die Bedeutung des Bagua für unser Heim zu verstehen, müssen wir darauf zurückkommen, daß für die alten Chinesen (und nicht nur für die) das Haus ein Lebewesen ist, von Lebensenergie durchflutet – gesund oder krank, wie der Mensch, der es bewohnt. Und wie der Mensch etwa Arme, Beine, Augen, Mund und ein Herz besitzt, so haben auch Orte eines Hauses, einer Wohnung oder eines Zimmers ganz bestimmte Aufgaben und Bedeutungen, die wir erkennen und für uns nutzen können.

Alles, was im Wohnbereich achteckig ist, etwa ein achteckiger Gartenpavillon oder ein achteckiger Eßtisch, bringt nach Feng Shui Glück.

Das Bagua ist eingeteilt in vier Wandmittelstücke und vier Ecken und ein Mittelstück, das Zentrum, die im folgenden genau beschrieben werden.

Die vier Wandmittelstücke des Bagua heißen:

Karriere, Familie, Gesundheit, Ruhm und Kinder.

Die vier Ecken des Bagua heißen:

Wissen, Reichtum, Partnerschaft und Hilfreiche Freunde.

Die acht Lebenswünsche im Bagua für Zimmer und Gebäude: Ruhm, Partnerschaft, Kinder, Hilfreiche Freunde, Karriere, Wissen, Familie und Gesundheit, Reichtum. In der Mitte befindet sich das Zentrum – Tai Ch'i, das neutral ist. Jeder Bereich kann durch eine oder mehrere bestimmte Farbe(n) – bei „Reichtum" zusätzlich runde Formen – noch gefördert werden. Die Eingangstür ist der sogenannte „Mund des Ch'i" und maßgebend für den weiteren Fluß der Energie.

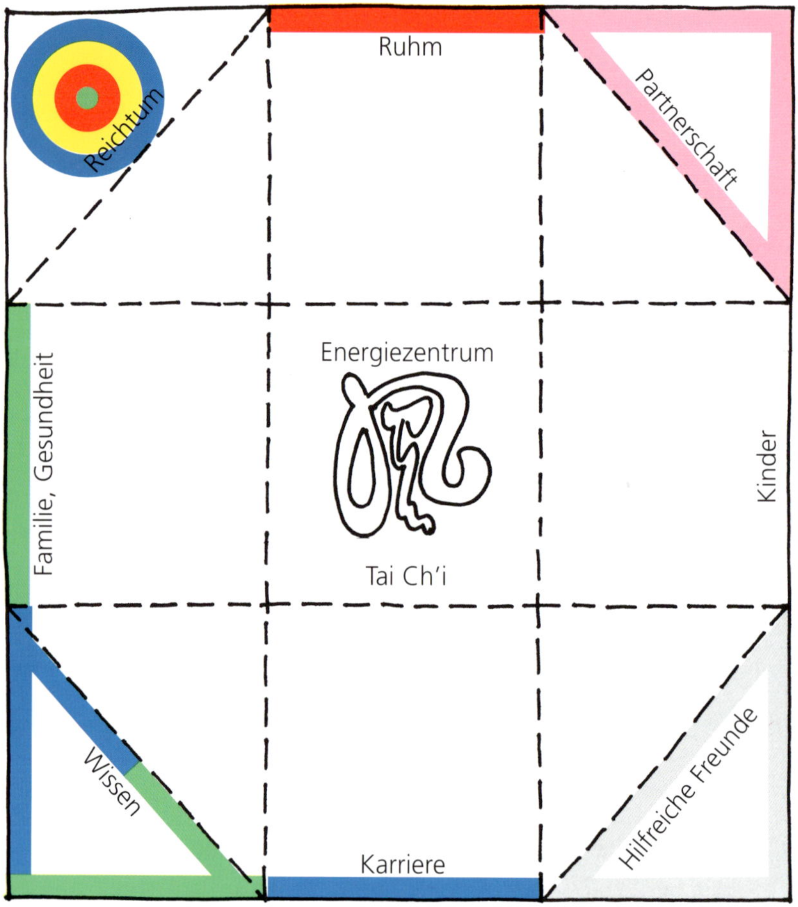

Eingang

Legen Sie das Bagua immer so auf einen Haus- oder Wohnungsgrundriß, daß die Grundlinie mit den Lebensbereichen „Wissen", „Karriere" und „Hilfreiche Freunde" am Eingang liegt (siehe Abbildung oben). Bei Einfamilienhäusern nehmen Sie die Haupteingangstür als Basis. Gibt es mehrere Türen, orientieren Sie sich an der, die am häufigsten benutzt wird. In Mehrfamilien- und Hochhäusern gilt immer die Tür zur Wohnung als Bemessungsgrundlage. Wohnen Sie über mehrere Etagen, so analysieren Sie jedes Stockwerk für sich. In den oberen Etagen gilt der Treppenaufgang als Eingang.

Karriere

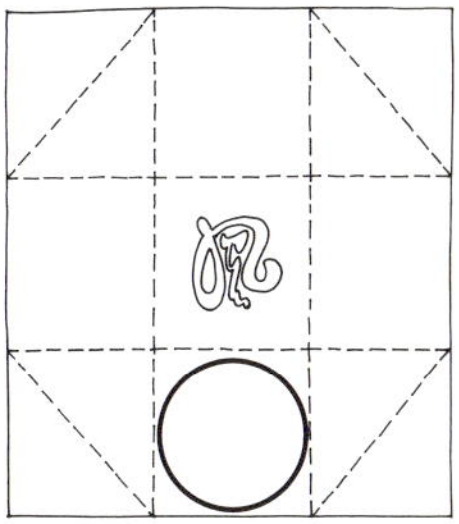

Thema des Bereichs Karriere. Direkt an der Grundlinie in der Mitte erwartet uns das Planquadrat der Karriere. Und hier bedarf es zunächst einmal einer Definition: Was verstehen wir eigentlich unter diesem Wort? Ein Erzieher hat einmal geschrieben: „Es ist mir lieber, wenn einer unserer Schüler ein glücklicher Arbeiter wird als ein unglücklicher Professor."

Denken wir also nicht dumpf in der Kategorie „Karriere ist alles!", sondern vielleicht lieber: Ein Beruf, den ich mit Freude und Interesse ausübe, wird mir auch Erfolg bringen. Also überlegen Sie sich: Entspricht mein Beruf wirklich dem, was ich gerne tun würde? Denken Sie daran: Beruf kommt von Berufung, und es kommt weniger darauf an, was Sie tun, als darauf, wie Sie es tun.

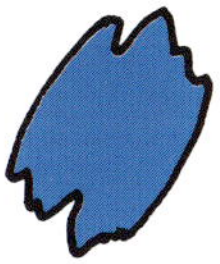

Aktivierung des Bereichs Karriere. Liegt der Eingang im Bereich der Karriere, so sollte er frei und hell gestaltet sein, damit genügend Ch'i fließt. Achten Sie hier darauf, daß Sie sich mit einer übervollen Garderobe oder einer Schuhansammlung nicht selbst im Wege stehen. Da die Karriere mit der Farbe Blau korrespondiert, eignet sich alles Blaue, also zum Beispiel Reproduktionen der Bilder „Der blaue Reiter" von Marc, „The Blue Boy" von Gainsborough. Auch eine kugelrunde Vase mit kostbaren Seidenblumen kann Ihren Berufsplänen nützlich sein. Das Element Wasser, das ja im Feng Shui Reichtum und Wohlstand symbolisiert, kann durch eine Fotografie eines sanften Wasserfalls Ihre Karriere in Fluß bringen. Besonders wirksam sind auch persönliche Karrieresymbole.

„Der berufliche Erfolg ist nicht alles – aber ohne ihn ist vieles nichts." Jacobs

Glückssymbole für den Bereich Karriere: Ein kleines Buddelschiff, um Kurs zu halten; ein Bild mit einem hindernisfreien Weg; Schlüssel; kostbare Schreibgeräte; Diplome; Meisterbriefe; Auszeichnungen; Pokale.

Wissen

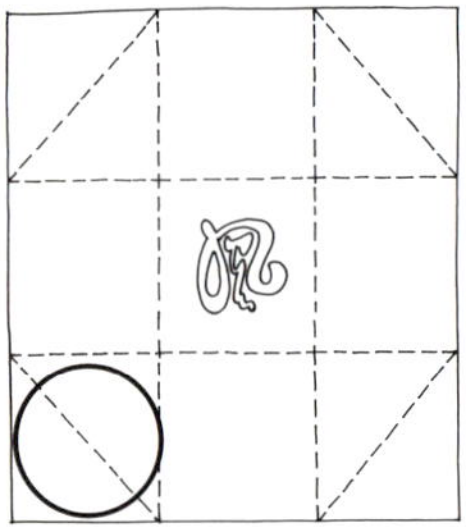

Thema des Bereichs Wissen. Die Wissensecke aktiviert die Lernbereitschaft und unterstützt deshalb ganz besonders Schüler, Studierende und Prüflinge sowie Menschen, die in Lehrberufen tätig sind. Doch sie steht nicht nur für das „Lehrbuchwissen". Wir können noch so viel davon anhäufen – und dennoch mit dem Leben nicht zurechtkommen. Denn unsere Existenz ist keine Rechenaufgabe. In dieser Ecke geht es um mehr: um das höhere Wissen, die Intuition, die Einsicht. Dort findet derjenige seinen Platz, der in sich hineinhorchen und nachforschen will, wie sein wahrer Weg aussehen soll. Gut plaziert ist hier zum Beispiel ein Bücherregal – und im Zimmer Ihres schulpflichtigen Kindes könnte dort ein Schreibtisch stehen, damit es eben nicht nur den „Stoff büffelt", sondern ihn auch mit Leben füllen kann.

Aktivierung im Bereich Wissen. Auch hier könnten Sie ein Foto oder ein Gemälde plazieren, dessen Thema eine satte grüne Wiese mit einem blauen Himmel, der sich darüberwölbt, beinhaltet. Aber auch ein leerer Krug, der symbolisiert, daß er gefüllt werden möchte, paßt gut in diesen Bereich.

„Wissen ist ein Schatz, den man überall hin mitnehmen kann." Chinesisches Sprichwort

Glückssymbole für den Bereich Wissen: Enzyklopädien und Lexika; Abbildung eines schlauen Fuchses; Buchattrappe; Bücher in jeglicher Form; Diplome; Auszeichnungen; Meisterbriefe.

Thema des Bereichs Familie/Gesundheit. Zwischen der Wissens- und Finanzecke finden wir die Wand der Familie und der Gesundheit. Denken Sie einmal über Ihre häusliche Situation nach: Herrschen bei Ihnen oft eine gespannte Atmosphäre oder gar offener Streit? Dann empfiehlt es sich, diesen Teil Ihres Heims zu stärken. Aber auch Schwierigkeiten oder Autoritätsprobleme von Eltern mit ihren Chefs oder von Kindern mit ihrem Lehrer können hier wieder harmonisiert werden.

Familie/Gesundheit

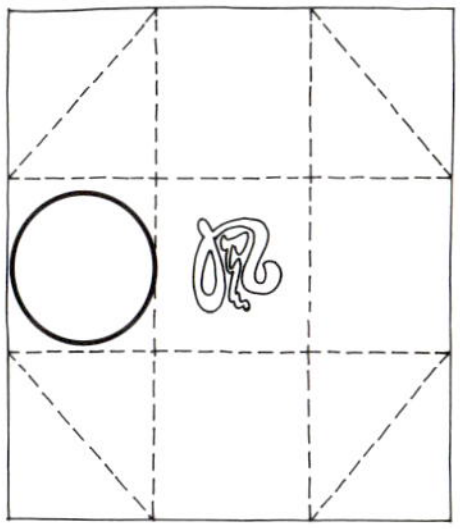

Passend zum Thema wäre es, wenn sich an dieser Stelle der – am besten runde oder achteckige – Eßtisch befände, an dem nicht nur gut gespeist, sondern an dem auch die „Familienkonferenz" abgehalten wird, wo man wieder miteinander ins Gespräch kommt. Jeder kann hier mit seinen Sorgen und Nöten, aber auch mit guten Nachrichten zu Wort kommen. Denn eine gute Unterhaltung kann das Ch'i wieder ordentlich in Schwung bringen …

Kaum zufällig ist dieser Teil des Hauses auch für die Gesundheit zuständig. Eine stets dicke Luft im Haus befördert ja das Aufkommen der Sha-Energie – und macht die Bewohner krank. Am besten wirken Medikamente, die hier am Tisch des Hauses eingenommen werden.

Aktivierung im Bereich Familie/Gesundheit. In diesem Teil unserer Wohnung hängt ein Bild des geliebten, viel zu früh verstorbenen Vaters des Autors. Auch Ihnen empfehlen wir, hier Fotos von Familienmitgliedern aufzuhängen, zu denen Sie eine liebevolle Beziehung haben oder hatten. Nicht hierher gehören Waffen oder ein großer Kaktus mit spitzen Stacheln. Achten Sie ebenfalls darauf, daß dieser Teil Ihres Hauses nicht im Dunkeln liegt und vielleicht eine Topfpflanze mit kräftigem Grün auf dem Tisch steht.

„Die Familie ist das Vaterland des Herzens." Mazzini

Glückssymbole für den Bereich Familie/Gesundheit: Ein Siegelring mit Ihrem Familienwappen; Familienfotos; ein kleiner Äskulap-Stab; Pillendöschen; Pflanzen, die Leben und Wachstum darstellen.

Reichtum

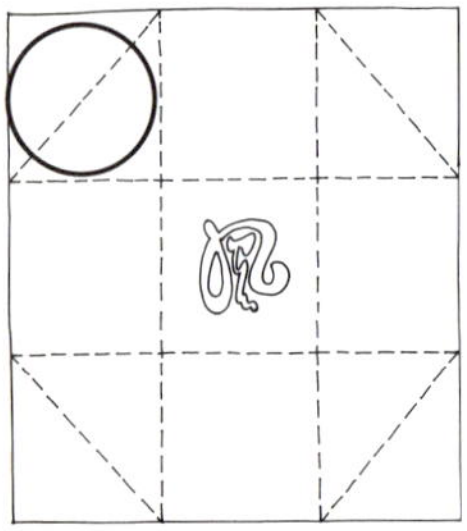

Thema des Bereichs Reichtum. Die linke Ecke hinten in Ihrem Haus oder Ihrer Wohnung ist der Platz des Reichtums. Unser Motto haben wir mit Bedacht gewählt. Denn auch hier geht es um eine realistische Betrachtung, die alte Vorurteile aus dem Weg räumt. Wir haben oft genug erlebt, wie Menschen bei der Beurteilung des Geldes in Extreme verfallen. Einige verachten es tief und halten es für den Anfang aller Sünden. Wieder andere, wie unsere Freundin Annette, jagen dem Geld hinterher, weil – so die Begründung – „nur eine wohlhabende Frau wirklich unabhängig ist. Und je mehr Geld ich habe, desto unabhängiger bin ich." Versuchen wir, den goldenen Mittelweg zu finden. Wir brauchen das Geld, um uns zu nähren, zu kleiden, eine Wohnung zu bezahlen und um unseren Kindern eine gute Ausbildung gewährleisten zu können. Wer andererseits seinen angehäuften Reichtum auf diversen Konten sammelt und versteckt, ist in Wirklichkeit arm dran. Wir müssen unser Geld „im Fluß" halten, es ohne Bedauern weitergeben, damit es gern zu uns zurückkommt.

Aber in dieser Ecke unseres Heimes geht es ja nicht nur um das Materielle. Hier können wir ebenfalls „bereichernde Erlebnisse" wecken, die oft mehr wert sind als ein dicker Scheck ...

„Geld ist der sechste Sinn; der Mensch muß ihn haben, denn ohne ihn kann er die anderen fünf nicht ausnutzen."
Maugham

Aktivierung des Bereichs Reichtum. Die alten Chinesen pflegten den Geldstrom anzuregen, indem sie in dieser Ecke des Hauses einen kleinen Zierbrunnen oder ein Aquarium aufbauten. Ebenfalls ziehen eine schöne rote Schale oder ein paar rote Äpfel im Korb das Geld an. Ein schöner Geldbaum im Kübel oder rotblühende Zimmerpflanzen sind ebenfalls geeignet.

Glückssymbole für den Bereich Reichtum: Edler Schmuck wie eine Perlenkette; wertvolle Antiquitäten; Silberdöschen, Aufbewahrungsort für Schecks und Sparbücher; Schokogoldtaler in einem Glas; acht Goldfische im Aquarium; Spielgeld.

Thema des Bereichs Ruhm. Wenn wir von der „Ruhmeswand" – zwischen der Finanz- und Liebesecke – sprechen, denken wir nicht in Begriffen, die wir gemeinhin mit diesem Wort verbinden. Es geht nicht darum, ein von allen bewunderter (und gefürchteter) Finanzchef, Partei- oder gar Kriegsführer zu werden, sondern um das wahre Ansehen, das wir uns erwerben können. Und das ist ganz unabhängig von großer Macht oder hoher Position.

Ruhm

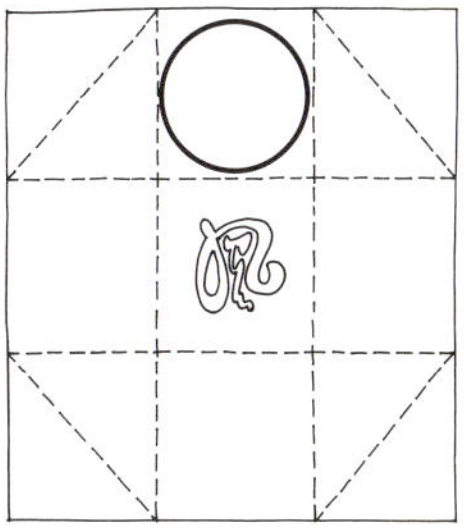

Nach Reife, ja, nach Weisheit zu streben, sollte unser Anliegen sein. Ein ruhiges Selbstbewußtsein hilft uns, von den Menschen unseres Kreises anerkannt zu werden. Natürliche Autorität, die es nicht nötig hat, zu autoritären Mitteln zu greifen, strahlt auf unsere Umgebung aus. Wir predigen nicht zum Volk, sondern wir raten dem Nachbarn.

Aktivierung des Bereichs Ruhm. Um diese Wand zu stärken, eignet sich ein kleiner Ofen, denn dieser Bereich steht für die Farbe Rot, die vom Feuer symbolisiert wird. Auch eine Lampe mit einem roten Licht paßt an diesen Ort.

„Ruhm ist der Geist des Menschen, der im Denken anderer Menschen weiterlebt." Hazlitt

Glückssymbole für den Bereich Ruhm: Roter Samt und Seide; ein kleiner Buddha; eine Heiligenfigur; Ihr Zukunftswunsch in einem Kästchen.

Die Farbe Rot ist dem Ruhm zugeordnet und stärkt diesen Bereich des Bagua.

Partnerschaft

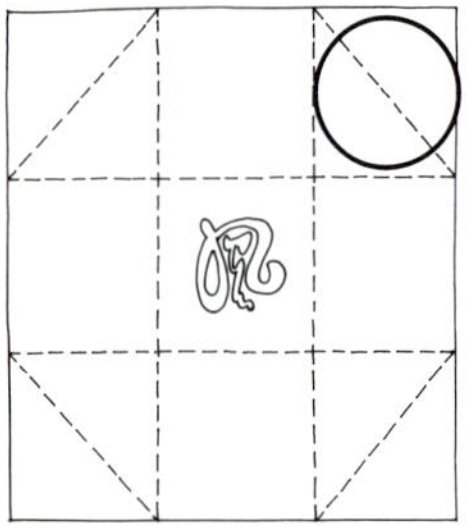

Thema des Bereichs Partnerschaft. In der Ecke rechts oben finden wir den Bereich von Liebe und Ehe, Partnerschaft und Beziehung. Im Vordergrund steht die Partnerschaft mit dem Menschen, den wir lieben. Und dies ist ja ein oder gar der zentrale Punkt im Leben der meisten Menschen. Trotz dieser Sehnsucht nach einer erfüllten und erfüllenden Liebe leben wir in einer Zeit, in der die Scheidungsraten hochschnellen wie nie. Man gewinnt bisweilen gar den Eindruck, daß wir auf eine Single-Republik zusteuern. Die Vereinsamung nimmt zu. Darum sollte ein jeder von uns – ob er nun allein lebt oder zu zweit – dieser Ecke besondere Aufmerksamkeit schenken: Um seine Liebe zu bewahren – oder zu finden. Darüber hinaus symbolisiert diese Ecke auch unser Beziehungsgeflecht zu anderen Menschen. Auch außerhalb der Partnerschaft brauchen wir ja alle den Kontakt zu den anderen, damit unsere Insel stets einen Steg zum Festland besitzt.

„Die Ehe ist und bleibt die wichtigste Entdeckungsreise, die der Mensch unternehmen kann.“ Kierkegaard

Aktivierung des Bereichs Partnerschaft. In der Partnerschaftsecke haben die beiden Autoren ein Urlaubsfoto aufgehängt, das eine Nonne von ihnen in Ephesos im „Haus von Maria“ aufgenommen hat. Es erinnert uns beide nicht nur an schöne Urlaubstage, sondern auch an ein ganz besonderes spirituelles Erlebnis, das uns in unserem Zusammenleben weitergebracht hat. Achten Sie bei der Gestaltung dieser Ecke darauf, daß dort nicht Möbel, Bilder oder sonstige Dinge aus einer früheren Partnerschaft stehen, das könnte nämlich Ihre Beziehung stören oder gar zerstören. Singles raten wir manchmal, ihre Betten in diese spezielle Ecke zu rücken – oft mit überraschend schnellem Erfolg.

Glückssymbole für den Bereich Partnerschaft: Ein Paar Delphine; ein Holzentenpaar; Stammbuch; Aufbewahrungsort für Ehe- und Verlobungsringe; zwei Edelsteine; zwei Rosen; zwei Kerzen; zwei Schüsselchen mit Wasser; ein pinkfarbener Pfingstrosenstrauß.

Thema des Bereichs Kinder. Gehen wir weiter im Uhrzeigersinn vor, so kommen wir nach dem Bereich der Partnerschaft – logischerweise – zu der Wand, die den Kindern gewidmet ist. Für die Autoren dieses Buches gilt als eines der Symptome einer kranken Gesellschaft, daß Kinder heute eher als Last (und zwar nicht nur finanziell) empfunden werden, ja, daß uns Deutschen längst der Ruf der „Kinderfeindlichkeit" anhaftet. Das alles trägt dazu bei, daß unser Land immer mehr in Mißmut und Unbeweglichkeit versinkt. Denn nichts vermag unseren Lebensmut und unsere Kreativität so sehr zu wecken, wie der Anblick von spielenden und lernenden Kindern. Ihre Arglosigkeit und ihr seelenvoller Blick kann auch uns Erwachsene verwandeln. Diese Ecke ist aber nicht nur den leiblichen Kindern gewidmet, sondern auch den „geistigen Kindern": frischen Ideen und überraschenden Einfällen. Journalisten oder Schriftsteller mit Schreibangst oder Blockaden können hier auftanken, ebenso andere, die nach einer „zündenden Idee" in den verschiedensten Bereichen suchen.

Kinder

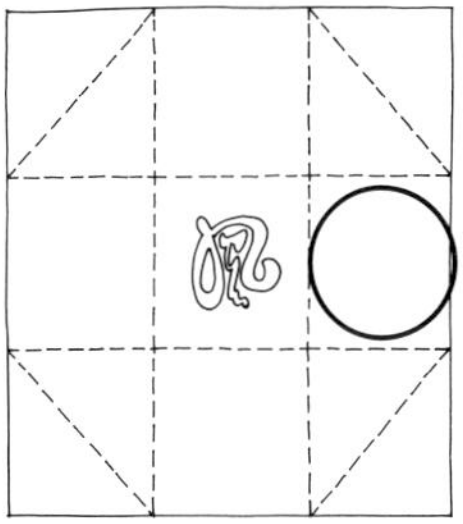

Aktivierung des Bereichs Kinder. Besonders gut vermögen diese Wand der Kinder blühende Blumen zu erwecken. Wer in sich Kinderwunsch aufkommen fühlt, kann hier ein Aquarium aufstellen oder ebensogut ein Mobile mit sechs roten Fischen. Passend sind ebenfalls Bilder, auf denen Menschen genußvoll feiern oder eine blühende Landschaft im Morgenlicht – alles also, was unsere Sinne anspricht.

„Kinder sind die Flügel der Menschen." Arabisches Sprichwort

Glückssymbole für den Bereich Kinder: Eine kleine Puppe; das Bild eines (Ihres) Kindes; blühende Blumen; Bilder und Gegenstände, die den Lebensgenuß und die Lebenslust zeigen und an die schönen Dinge des Lebens erinnern; harmonische Musik.

Hilfreiche Freunde

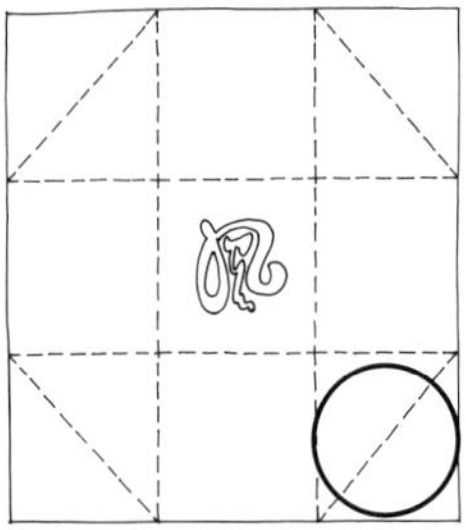

„Freundschaft ist Liebe mit Vernunft."
Sprichwort

Thema des Bereichs Hilfreiche Freunde. Rechts neben der Tür befindet sich die Ecke der Hilfreichen Freunde, aber auch des Mentors und der Reisen. Und diese Dinge gehören durchaus zusammen. Wir alle benötigen neben dem Menschen an unserer Seite wenigstens einen „besten Freund" oder eine „beste Freundin", die uns uneigennützig beraten, helfen und trösten können in den Krisenzeiten unseres Lebens. Aber natürlich sollten sie nicht nur für die Sorgen zuständig sein, gemeinsam zu feiern und auch mal auszugehen gehört ebenfalls mit dazu. Wer seine Freunde stets nur als eine Art Ascheneimer benutzt, wird bald keinen mehr besitzen. Auf jeden Fall machen uns Gespräche mit Freunden, also interessierten und liebevollen Außenstehenden, geistig wieder mobiler, sie holen uns 'raus aus den Sackgassen unserer Emotionen. Wichtig, wenn auch heute selten geworden, ist die Rolle des „väterlichen Freundes", des Förderers, der von einer höheren beruflichen Warte aus zu helfen bereit ist – oder die des älteren Menschen, der für uns die Schatzkammer seiner Erfahrung öffnet. Auch das Reisen, nicht nur zu einem Freund, sondern auch in ein anderes Land, verhilft uns zu einem gesunden Abstand zum täglichen Krimskrams und zu einer wahrhaft erweiterten Sicht der Dinge.

Aktivierung des Bereichs Hilfreiche Freunde. In unserer Küche steht in der Ecke der Freunde und der Reisen eine Geschirrspülmaschine, deren bewegtes Wasser das Ch'i des Hauses belebt.

Glückssymbole für den Bereich Hilfreiche Freunde, des Mentors und der Reisen: Fotos und Geschenke von Freunden; Kristalle; Edelsteine; Souvenirs von Reisen; ein kleiner Globus.

Das Zentrum des Bagua. Die Mitte des Hauses repräsentiert – wie die Chinesen sagen – das „Tai Ch'i". Es steht für die Einheit, den Ursprung. Im Mittelpunkt der Wohnung ist das „Tai Ch'i" beheimatet. In diesem Zentrum sollten wir unsere Ruhe und unseren Frieden finden. Nach Möglichkeit sollte dieser Bereich Ihres Hauses frei atmen können. Engen Sie ihn also nicht mit Mauern oder Regalen ein. Befindet sich hier eine Treppe, so versuchen Sie, einen Ch'i-Sammelpunkt zu gestalten. Das gelingt Ihnen zum Beispiel mit einem Mobile, einem Klangspiel oder einer Pflanze. Eine „unbehandelte" Treppe kann – besonders in diesem Bereich – ständige Unruhe in Ihr Leben bringen und ein berufliches und privates Auf und Ab verursachen. Das Zentrum eines Zimmers kann zur Sammlung durch Meditation oder autogenes Training genutzt werden. In der Mitte unseres Ruheraumes liegt auf einer flachen Schale ein Bergkristall – und dort ruht nach der Jagd auf Fliegen und eingebildete Feinde am liebsten unsere Katze Voltaire, das Köpfchen auf den Stein gebettet.

Tai Ch'i

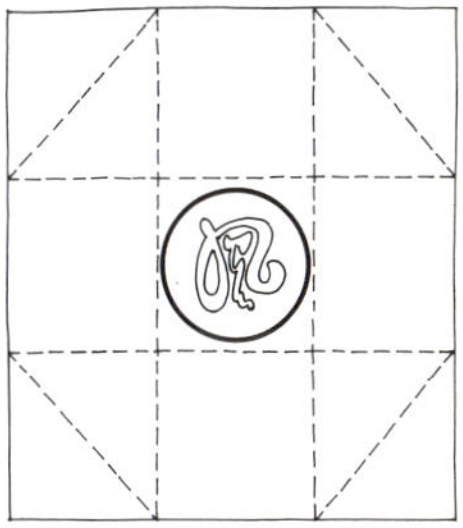

Edelsteine wie der Amethyst sind Glückssymbole für die Bagua-Ecke der Hilfreichen Freunde.

Die Feng-Shui-„Heilmittel"

Sanft bis ein wenig beschwingt und möglichst ungestört soll sich Ch'i durch unsere Wohnung bewegen. Doch diesen Idealzustand finden wir nur selten. Scharfe Kanten von Wänden und Möbeln, Balken, Dachschrägen oder tote Ecken in der Wohnung sind Quellen von ungünstigem Ch'i. Die Feng-Shui-Praxis kennt für diese Fälle Helfer und Heiler.

Niemand muß sich, um Feng Shui zu praktizieren, Dinge in die Wohnung stellen, die er als unpassend empfindet.

Diese Feng-Shui-„Heilmittel" bremsen zu starkes, geradliniges und schroffes Ch'i ab und bringen es wieder in den natürlichen Fluß zurück. Sie wirken als Energiemagneten und beleben Bereiche, die gar nicht oder mangelhaft mit Ch'i versorgt werden.

Die traditionelle Feng-Shui-Praxis empfiehlt für die Harmonisierung des Heims ausschließlich chinesische Hilfsmittel. Das Angebot reicht von Ch'i-Karten über Windspiele bis hin zum Goldfisch im Glas. Für uns Europäer aber sind diese Dinge fremd, und einige passen nicht gut in unseren Kulturkreis. Zudem sind die Nachbildungen oft aus derart minderwertigen Materialien, daß man sich fragt, ob das Ch'i von ihnen wirklich angezogen wird. Niemand muß sich, um Feng Shui zu praktizieren, Dinge in die Wohnung stellen, die er für sich als unpassend empfindet oder nicht mag. Sein Unbehagen würde im Gegenteil nur eine erneute Blockade des Ch'i bewirken. Ein Beispiel: Im klassischen Feng Shui wird als Glücksbringer ein Goldfisch im Kugelglas empfohlen. Wir können diesem Glücksbringer nichts abgewinnen. Der Gedanke, daß der arme Fisch, vom Kugelglas irritiert, seine Orientierung verliert, gefällt uns nicht. Darum empfehlen wir einen Glasfisch, der an einer Kugel aufgehängt in einem runden Glas mit Wasser schwimmt. Nachstehend die wichtigsten Feng-Shui-„Heilmittel":

Foto links: Das blaue Arrangement aus Vasen und Schalen sollte im Karrierebereich des Hauses plaziert werden. Da die Karriere mit der Farbe Blau korrespondiert, eignet sich alles Blaue, wenn Sie beruflich großen Erfolg erzielen wollen.

Alle Dekorationsgegenstände, die Ihnen Freude bereiten, wenn Sie sie betrachten, besitzen gutes Feng Shui und bringen Ihnen gute Energien. Das gilt vor allem auch für persönliche Dinge, die in Ihnen angenehme Erinnerungen hervorrufen.

Schnittblumen, vor allem wenn sie in voller Blüte stehen, zählen zu den schönsten Ch'i-Trägern. Deshalb sollten Sie immer einen frischen Strauß Blumen im Haus haben. Zu beachten bleibt allerdings, daß Sie Verwelktes sofort entfernen. Es steht für Verfall, Krankheit und Tod und würde kein gesundes Ch'i anziehen. Wenn Sie möchten, können Sie hier auch ganz bewußt wählen, welche Wirkung Sie erreichen wollen. So stehen Sonnenblumen für die starke Yang-Kraft der Sonne, sie vermögen einen Raum aufzuladen. Ein Strauß blauer zarter Vergißmeinnicht dagegen wirkt leicht und beruhigend. Er wäre hervorragend für ein Schlafzimmer geeignet.

Seidenblumen sind der zweitbeste Ersatz für frische Blumen. Sie sollten möglichst natürlich aussehen und aus zartem Material bestehen. Legen Sie also für Ihre Seidenblumen lieber etwas mehr Geld an – es lohnt sich in jedem Fall. Ungeeignet sind Blumen aus Plastik. Trockenblumen sind Blumenmumien und bringen tote Energie. Verzichten Sie besser darauf.

Topf- und Kübelpflanzen sind wahre Anziehungspunkte für das Ch'i. Wichtig ist, daß sie kräftig und gesund sind und artgerecht und mit viel Liebe gepflegt werden. Blütenpflanzen bringen mehr Ch'i als Grünpflanzen, große Kübelpflanzen mehr als Minipflänzchen. Achten Sie aber auch auf die verschiedenen Formen. Pflanzen mit weichen, runden oder breiten Blättern laden das Ch'i eher zum Verweilen ein als solche mit „angreifenden" schmallanzettlichen oder bewehrten Blättern. Solche Pflanzen können – etwa in unmittelbarer Nähe eines Schlaf-, Arbeits- oder Sitzplatzes – Sha-Quellen sein und sind eher als „Wächter" oder „Einbruchschutz" zu gebrauchen. Das gilt im übrigen auch für bedornte Kakteen. Auf der Fensterbank „schließen" Topfpflanzen das Fenster und verhindern, daß Ch'i abwandert. Im übrigen bietet die Beschäftigung mit Pflanzen allein schon hervorragendes Feng Shui, denn sie entspannt und tut der Seele gut.

Frische Schnittblumen in Blautönen bringen Wassermenschen eine gute Energie.

Topf- und Kübelpflanzen mit guten Energien sind:

- Grünpflanzen wie Zimmerlinde (weiche, große Blätter), Geldbaum (dicke, runde Blätter), Korbmarante (samtige, schön gemusterte Blätter), Leuchterblume (viele, kleine, rund bis herzförmige, silbrige Blätter), Geigenficus und andere rundlaubige Ficus-Arten, Zwergpfeffer, Fiederaralie, Judenbaum, Kastanienwein, alle Palmen mit weichen, sanft überhängenden Blättern, alle Ampelpflanzen mit ihrer kaskadenähnlichen Pracht, Pflanzen mit duftendem Laub;
- alle Blütenpflanzen, besonders aber Alpenveilchen, alle Blütenbegonien, Usambaraveilchen, Amaryllis, Geranien, alle Ampelpflanzen. Hier können auch die einzelnen Blütenfarben gezielt aktivierend eingesetzt werden (siehe Bagua, Seite 48ff.), alle Pflanzen mit unaufdringlichem Blütenduft;
- alle Kübelpflanzen, besonders das Orangenbäumchen, dazu Kronenbäumchen und Hochstämmchen, kugelförmig geschnittene Pflanzen, Immergrüne.

Das Orangenbäumchen steht in China für Erfolg und Reichtum

Besonders energiereich sind von Kindern selbstgemalte Bilder

Bilder, also Fotos, Ölgemälde, Aquarelle, Zeichnungen, Lithographien usw. mit positiven Motiven regen den Ch'i-Fluß an, am meisten solche mit Blumen, fließendem Wasser, Delphinen, Elefanten, schönen Landschaften, Engeln. Auch Postkarten mit positiven Motiven, von einem guten Freund mit viel Liebe geschrieben, sind gute Energieträger.

Spiegel zählen zu den wichtigsten Feng-Shui-Hilfsmitteln. Sie aktivieren, helfen Fehlbereiche auszugleichen, ziehen Energie an und füllen auf diese Weise energetische Leere. Ein durch Wände oder Türen blockierter Energiefluß kann durch Spiegel geöffnet werden, kleine Räume können optisch vergrößert werden. Als herausragender Helfer gelten im Feng Shui Bagua-Spiegel. Sie sind rund oder achteckig gerahmt. Als Energieverstärkend wirkt es sich zudem aus, wenn ein Spiegel „gute" Feng-Shui-Maße hat (siehe Seite 47).

Hängen Sie Ihren Spiegel geschickt auf, können Sie gleich zweimal etwas Schönes genießen. So wird die Aussicht auch auf der anderen Seite des Zimmers sichtbar und verströmt doppelt positives, aufbauendes Ch'i.

Der Einsatz von Spiegeln ist nahezu unbeschränkt, denn mit ihnen kann man ganz unterschiedliche Wirkungen hervorrufen.

- Als Sha-Schutz eignen sich konvexe (nach außen gewölbte) Spiegel. Sie zerstreuen mit ihrer großen Oberfläche die Giftpfeile des Sha. Bringen Sie den Spiegel so an, daß er die Sha-Energie absorbieren kann. So würde er zum Beispiel am Ende eines langen Flures die beschleunigte Energie des Sha aufnehmen, zerstreuen und als verwandeltes Ch'i wieder abgeben.
- Als Ch'i-Magnet dienen konkave (nach innen gewölbte) Spiegel. Sie sammeln Ch'i-Energie und können so Bereiche mit Ch'i-Mangel ausgleichen. Fehlende Ecken können auf diese Weise hervorragend ausgeglichen werden.

Spiegel-Alternativen sind auch blanke Teller oder runde Schalen aus Silber, Messing oder Kupfer. Je nachdem, wie sie plaziert werden, entstehen entweder konkave oder konvexe Spiegelflächen. Vielleicht bekommt ja so der Pokal aus früheren Zeiten wieder eine sinnvolle Aufgabe?

Licht ist eines der wichtigsten Ch'i-„Heilmittel", denn Licht bedeutet Leben. Besonders in den Wintertagen spüren wir die Auswirkungen von Lichtmangel. Ähnlich ist es auch in Räumen. Dunkle Kammern sind Energieräuber. Achten Sie bei der Gestaltung Ihrer Zimmer darauf, daß genügend Tageslicht vorhanden ist. Dunklere Räumlichkeiten sollten Sie den Umständen entsprechend nutzen. Zum Beispiel könnte ein nicht so heller Raum (Yin) eher für ein Schlafzimmer geeignet sein, keinesfalls aber für ein Arbeitszimmer!

Achten Sie immer auf gute, ausreichende Beleuchtung. Wählen Sie verschiedene Lichtquellen, und passen Sie diese je nach Zweck und Stimmung an. So kann eine Stehleuchte mit Dimmer für eine kuschelige Atmosphäre sorgen, ein helles Licht dagegen regt zur Arbeit an. Empfehlenswert sind Salzkristallampen, deren natürliche Ausstrahlung durch das Licht noch intensiviert wird. Vergessen Sie nicht, auch Ecken auszuleuchten. Besonders dort kommt es schnell zu einem Energiestau und damit zu Sha-Quellen.

Energiesparlampen sind Sha-Quellen, ebenso Lampen mit Trafos, deren Ausstrahlung extrem hoch ist, da im Trafo ständig, also auch im ausgeschalteten Zustand, elektromagnetische Strahlung (Elektrosmog) entsteht. Kaufen Sie nur Lampen mit geerdeten Steckern (das gilt natürlich auch für Elektro-Geräte im allgemeinen).

Durch die gezielte Anwendung von Licht können fehlende Bereiche aktiviert werden. Licht ist immer ein Sammelpunkt und eine Quelle des Ch'i. Besondere Wirkungen lassen sich auch mit farbigem Licht erzielen. So können Sie die Ruhmeswand zum Beispiel mit einem rötlichen Schein aktivieren.

Steigen Sie öfter mal wieder auf natürliche Lichtquellen um. Der Handel bietet wunderschöne Öl- und Petroleumlampen an, die neben dem angenehmen Licht auch wirksame Feng-Shui-Objekte sind. Für Terrasse und Wohnung kaufen Sie sich Windlichter oder Fackeln, die in Blumentöpfe gesteckt werden. Duftlampen sorgen neben dem Licht auch über den Duft für ein gutes Feng Shui.

Bewegte Objekte wie Windspiele und Mobiles, aber auch Ventilatoren bedeuten Bewegung und damit Leben. Sie heben das Ch'i-Niveau in einem Raum an, verwandeln stagniertes Sha in Ch'i, bremsen aber auch beschleunigtes Sha ab. Windspiele und Mobiles schließen, wie die Pflanzen auch, symbolisch die Fenster, weil das Ch'i an ihnen verweilt.

Wasser ist das Symbol für Fülle und Reichtum. Es zieht reichlich Ch'i an und wird zum Beispiel über Zimmerspringbrunnen oder kleine Miniteiche aktiviert. Besonders üppig fließt es, wenn Sie es in den einzelnen Zimmern Ihrer Wohnung in die Reichtumsecke stellen oder aber Ihr Arbeitszimmer damit schmücken. Hervorragend wirken auch Wasserfallbilder (siehe Abbildung Seite 6).

Vorsicht Feuermenschen: Beachten Sie, daß zuviel Wasser für Sie gefährlich sein kann. Es sollte in Maßen aktiviert werden. Damit es sie nicht „ertränkt", stellen Sie am besten eine Schwimmkerze hinein. Das stärkt Ihr persönliches Element.

Edelsteine und Mineralien sind ein Teil der Natur und wurden schon seit frühester Zeit zu Heilzwecken verwendet. Sie dürfen mit Recht als kleine Energiekraftwerke gelten und können das Ch'i anziehen und verstärken, aber auch Sha aufnehmen und umwandeln. Sie eignen sich auch hervorragend als Schwerpunkt zum Ausgleich für fehlende Ecken.

Entscheidend für die Wirkung der Steine sind Form und Farbe:

- Runde Kugeln oder Stein-Eier sowie unregelmäßige, sanfte Formen beruhigen und besänftigen den Energiefluß und wandeln starkes, bedrohliches Sha um. Die Farben Grün, Blau oder Violett unterstützen diesen Prozeß.
- Kristallspitzen bündeln das Ch'i und senden es gesammelt wieder an die Umgebung ab. Sie sollten nicht direkt auf Personen gerichtet sein, zum Beispiel bei Pyramiden.
- Steine, die in der Farbe Rot erstrahlen, wirken aktivierend.
- Geschliffene Kristallkugeln, runde Lüsterelemente oder geschliffene Lampenfüße lassen bei Lichteinfall einen Regenbogen entstehen, der die Energie des gesamten Raumes stärkt.

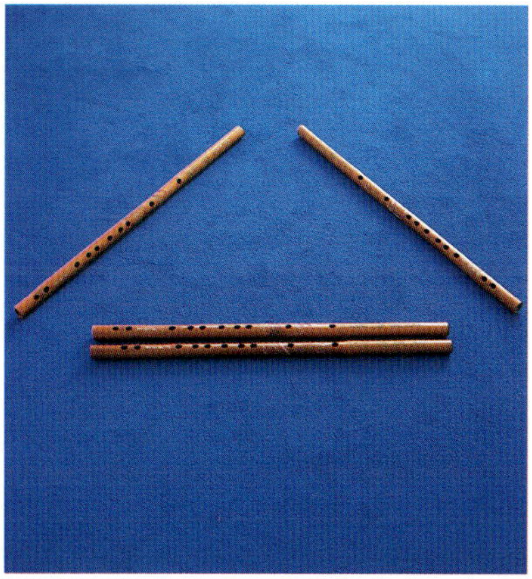

Oben links: Türglocken ziehen günstiges Feng Shui an.

Oben rechts: Klangkörper wie Flöten, die angenehme Töne erzeugen, regulieren Energieautobahnen.

Mitte links: Salzkristalllampen haben eine sehr gute Energie.

Mitte rechts: Edelsteine und Mineralien werden seit frühesten Zeiten als Heilsteine verwendet.

Unten links: Fächer ziehen das Glück und gutes Ch'i an.

Unten rechts: Zimmerbrunnen und Wasserspiele sorgen für ein sanft fließendes Ch'i.

Flöten sind eindeutig asiatische Feng-Shui-„Heilmittel". Sie ziehen durch ihre Hohlräume das Energieniveau nach oben und sind damit ein wichtiger Helfer zur Regulierung von Energieautobahnen, wie sie zum Beispiel durch lange Flure entstehen. Auch die schädlichen Auswirkungen, die durch Deckenbalken entstehen, können durch Flöten ausgeglichen werden. In beiden Fällen hängt man sie paarweise, mit dem Mundstück nach unten, an einen roten Faden.

Paravents und Raumteiler sind ein wichtiges Feng-Shui-Element zur Hausharmonisierung. Sie schützen uns nicht nur vor unerwünschten Blicken, sondern auch vor Sha-Pfeilen.

Westliche wie östliche Glückssymbole ziehen das Glück (gute Energien) an und gelten ebenfalls als Feng-Shui-„Heilmittel". Hierzu zählen Fächer, Hufeisen, Glücksschweine, Glücksklee, Schornsteinfeger, Engel.

Reinigen Sie Ihre Räume von negativen Energien, verursacht durch schlechte Nachrichten, schlimme Bilder im Fernsehen oder auch einen Familienstreit. Spielen Sie klassische Musik. Harmonisierend wirkt auch gute Meditationsmusik.

Musik, Klang und Klangspiele erzeugen harmonische Schwingungen in uns und in den Räumen. Klangspiele, dazu gehören auch Türglocken und Kassengeklingel, ziehen Ch'i an. Bei der Musik wirkt nicht jede Art von Musik fördernd. Uns Europäer stärkt Meditationsmusik (gibt's inzwischen zum Beispiel in Musikfachgeschäften, Esoterikläden und -versänden und im Buchhandel) und klassische Musik. Gregorianische Gesänge zum Beispiel und alles von Bach sind reinstes Feng Shui. Aber auch Stücke von Komponisten wie Händel, Haydn, Beethoven, Brahms, Schumann, Schubert, Gluck oder die Walzer von Strauß bringen uns gute Energien. Besonders empfehlenswert sind folgende Stücke:

- Vivaldis Vier Jahreszeiten
- Pathétique und Mondscheinsonate von Beethoven
- Händels Wassermusik
- Air von Bach

Auch sanfte Popmusik oder ein Schlager, den wir leicht nach- und mitsingen können, kann uns gute Energien schenken oder in gute Laune versetzen. Rap und Techno dagegen laufen den Körperryhthmen zuwider, schwächen uns und können zu Depressionen führen. Und das läßt

Klangspiele erzeugen harmonische Schwingungen in uns und in den Räumen. Sie ziehen Ch'i an.

sich sogar testen: Und zwar mit „Kinesiologie". Als Meßinstrument dieser Methode dient der Muskel, er zeigt, ob uns etwas schwächt oder stärkt und gibt uns Auskunft darüber, wie das Ch'i in uns auf verschiedene Einflüsse reagiert. Harmoniert etwa eine Musik nicht mit unseren körpereigenen Schwingungen, so verändert das den Fluß des Ch'i, mit dem Ergebnis, daß der Muskel nicht mehr normal reagiert. In diesem Test kann er dann trotz leichtem Druck nicht mehr gehalten werden.

Düfte harmonisieren die Umgebung. Sie dürfen aber nicht zu aufdringlich sein und Kopfschmerzen verursachen. Am besten eignen sich ätherische Öle oder auch Räucherstäbchen. Je nach Duft kann man verschiedene Wirkungen erreichen. Empfehlenswert ist es auch, Räume vor dem Einzug von den Energien der vorherigen Bewohner zu befreien (siehe Ch'i-Ritual, Seite 73). Reinigend wirken die Öle Zitrone, Apfelsine, Mandarine – kurz alle Zitrusdüfte. Klärende Wirkung hat das Räucherwerk Weihrauch und Salbei nach schlechten Nachrichten oder unangenehmem Besuch.

Möbel und Deko-Gegenstände

Runde Formen bei Möbeln bieten besseres Feng Shui als eckige.

Wenn es uns gut geht, pflegen wir zu sagen: „Bei mir läuft alles rund!" Stoßen wir dagegen auf Widerstände, dann „ecken wir an". Wir haben also eine instinktive Vorliebe für alles Runde, Ovale, kurzum: für alles Fließende. Es suggeriert uns, daß unsere kleine Welt(kugel) in Ordnung ist. Inzwischen wissen wir auch, warum. Das Ch'i fließt nicht etwa eckig, sondern in sanften Wellen. Deshalb sind laut Feng Shui auch in der häuslichen Umgebung runde Formen den eckigen vorzuziehen, deshalb ist es ja so wichtig, Ecken und Kanten in den Wohnräumen nach Möglichkeit zu „entschärfen".

Es gibt Möbel und andere Einrichtungsgegenstände, aber auch Stoffe und Tapeten, die starke Energien und solche, die schwache Energien vermitteln. Hierbei kommt es vor allem auf Formen und Farben an. Und bei der Betrachtung, ob etwas gutes oder minderwertiges Feng Shui besitzt, spielt auch der gesunde Menschenverstand eine große Rolle.

Formen. Die meisten Möbel in unseren Breiten sind eckig – von der Kommode über den Kleiderschrank bis hin zum Bücherregal. Hier einige Tips, wie Sie Ihren Möbeln die Schärfe nehmen können:

- Stellen Sie Bücherregale und einsehbare Schränke nicht vollständig mit Büchern oder anderen kantigen Gegenständen voll. Das wird die

Ecken noch betonen. Lassen Sie immer etwas Raum für ausgleichende Objekte, an denen sich das Auge und auch das Ch'i ausruhen können.

- Statten Sie eckige Sitzmöbel mit runden Kissen und Rollen aus.
- Dekorieren Sie mit runden Gegenständen wie Schalen, Kugeln, Eiern, Tischlampenfüßen, Vasen, Flaschen.
- Stoffe sind hervorragende Gestaltungsmittel. Sie verstecken Ecken und Kanten und verwandeln sie in weich fließende Konturen, zum Beispiel tun dies die derzeit so beliebten Hussen bei eckigen Stühlen. Wir können neben der entschärfenden Eigenschaft auch Einfluß auf die Lichtverhältnisse und Farbstimmungen nehmen, wenn wir unsere Fenster mit Gardinen „verkleiden" – und das hat nicht immer nur den Grund, daß wir unbeobachtet sein wollen. Wir empfinden diese weichen Formen einfach als angenehmer.

Dekorationen mit runden, weichen Gegenständen nehmen eckigen und kantigen Möbeln ebenso die Schärfe wie Stoffe. Rottöne sind besonders für die Ruhm- und Partnerschaftsecke gut geeignet.

Farben besitzen immer eine ganz bestimmte Schwingungsfrequenz, die in ihrer Ausstrahlung die entsprechenden Lebensthemen zu unterstützen vermögen. Dieses Prinzip ist kein Fernostexport, sondern findet auch bei uns – so zum Beispiel in der Medizin – ihren Ausdruck. Denn auch die westliche Wissenschaft hat längst die Wirkungen von Farben auf unsere Psyche und Körper erforscht und nachgewiesen. Dabei ist klar geworden, daß die Energie der Farben nicht nur über die Augen wirkt, sondern daß wir sie sozusagen mit Haut und Haaren aufnehmen. Diese Versuche wurden an Sehenden und an Blinden durchgeführt – mit dem gleichen Ergebnis. Bedauerlicherweise werden solche einfachen Erkenntnisse über die Wirkungsweise der Farben in unseren Breiten noch immer nicht umfassend genutzt. Sonst würden die Krankenzimmer für einige Patienten zartgrün gestaltet sein, eine Farbe, die mit ihren ausgleichenden Schwingungen die Heilung unterstützen kann.

Tapeten und Wandfarben können zur Aktivierung des Wohlbefindes und der Lebensziele bewußt eingesetzt werden.

Tapeten und Wandfarben sind daher mehr als eine Wandverschönerung. Je nach Farbe lassen sich mit ihnen Stimmungen erzeugen, die dem Zweck des Raumes angemessen sind. Glatte, glänzende Flächen wirken kühl, strukturierte und matte dagegen wärmend. Durch bewußte Wandgestaltung können wir unser Wohlbefinden stärken und Lebensziele über das Bagua aktivieren.

Aber einige Neuanfänge sind gemacht. Viele Eltern sind dazu übergegangen, die Kinderzimmer ihrer schulpflichtigen Sprößlinge hellblau zu streichen. Sie kaufen ihnen auch gerne Kleidung in eben dieser Farbe. Und: Fällt Ihnen etwas auf? Schulpflichtige Kinder wollen (sollen) etwas lernen. Nun schauen Sie einmal im Bagua (Seite 50) nach: Die Farbe der Kinderwand ist weiß, die des Wissens blau – das macht zusammen hellblau. Im Kapitel über das Bagua (Seite 49ff.) finden Sie die Grundlagen – experimentieren Sie! Sie wissen am besten, was gut für Sie ist. Und die Partnerschaftsecke im Schlafzimmer muß nun wahrlich nicht in züchtigem Rosa gestaltet sein. Auch ein erotisches Rot mit Weiß kann durchaus anregend wirken auf die Beziehung.

Das Ch'i-Ritual

Ein probates Allround-Feng-Shui-„Heilmittel" ist das Ch'i-Ritual. Es erweckt jedes Zuhause, auch Neubauten oder länger leerstehende Wohnungen, zu neuem Leben. Um das Ch'i zu aktivieren, empfehlen wir zunächst einmal ausreichend zu lüften, dabei sollten möglichst alle Fenster und Türen geöffnet werden. Gleichzeitig können wir durch symbolische Belebung aller Elemente in der Wohnung die Lebensenergie zum Fließen bringen. Gehen Sie folgendermaßen vor:

1. Aktivieren Sie im Süden des Hauses das Feuerelement, z.B. mit einer brennenden Kerze oder einer Tischlampe mit rotem Keramikfuß.
2. Im Osten des Hauses aktivieren Sie das Element Holz, indem Sie wüchsige und blühende Zimmerpflanzen aufstellen.
3. Das Metallelement wird im Westen der Wohnung durch weiße, graue oder silberne Metallgegenstände symbolisiert. Hier eignen sich zum Beispiel auch silberne Bilderrahmen, Silberschmuck oder runde bis ovale Skulpturen oder Metallvasen.
4. Aktivieren Sie im Norden das Wasserelement durch eine kleine Schale mit Wasser (keine Metallschale, sondern am besten neutrale Materialien wie Ton) durch Wasserspiele, ein Aquarium, Keramikfische oder einen Springbrunnen.
5. In das Zentrum plazieren Sie einen braunen Tontopf mit einigen Steinen oder Teller aus Porzellan. Sie symbolisieren das Element Erde.

Diese Wiederbelebungsmaßnahme können Sie entweder Zimmer für Zimmer vornehmen oder auch im großen Maßstab – auf den gesamten Grundriß bezogen. Lüften Sie auch nach diesem „Home Harmonizing". Sie werden spüren: Ch'i folgt Ihrer Einladung und kommt gern zu Ihnen zu Besuch.

Feng Shui in der Praxis

Brauche ich überhaupt Feng Shui? Fühle ich mich in meinen Wohn- und Arbeitsräumen wohl? Bin ich mit meinem beruflichen Erfolg und meiner Karriere zufrieden? Sind alle Hausbewohner nebst Tieren und Pflanzen glücklich und leben in Harmonie zusammen? Um diese und weitere Fragen im Zusammenhang mit Feng Shui beantworten zu können, bieten wir Ihnen den folgenden Fragebogen (siehe Seite 76ff.) an. Je mehr Fragen Sie mit Ja beantworten, desto nötiger ist es, ihnen auf den Grund zu gehen und notwendige Feng-Shui-Verbesserungsmaßnahmen zu ergreifen. Oft sind nur kleinere Handgriffe und wenige Hilfsmittel vonnöten, um überraschend positive Effekte und Verbesserungen zu erzielen.

Wie kann ich ermitteln, wo die Ch'i-Energie harmonisch oder unharmonisch durch meine Wohnung oder mein Haus fließt? Schauen Sie sich in der Umgebung um. Die Landschaftsformen geben Aufschluß über hohes oder niedriges Energieniveau. Steht ein Haus direkt auf einer Bergspitze, so wird es dort immer kalt, windig und oft gewittrig sein – ein schlechtes Zeichen! Und ein Haus direkt neben einer Autobahn, einem Friedhof oder an einem sumpfigen Platz hat niemals eine gute Energie. Ist das Gebäude hingegen harmonisch in die Landschaft integriert und wird weder von hohen Bauten noch „Angreifern" wie großen Bäumen attackiert, spricht dies für gutes Feng Shui, also hohes Energiepotential. Betrachten Sie den Weg zu Ihrem Haus, die Anordnung der Türen und Fenster, begehen Sie Zimmer für Zimmer Ihre Wohnung, und notieren Sie sich alles Positive, aber auch die Mängel, die Sie dabei feststellen. Nehmen Sie Ihre Kinder mit auf diese Erkundungstour – sie spüren oft instinktiv besonders gute Energieplätze im Haus.

Foto links: Situation in einer Altbauwohnung. Hier kann gutes Ch'i aus folgenden Gründen fließen: Das Zimmer ist sehr hell, die Türe öffnet sich nach innen und ermöglicht einen optimalen Ch'i-Fluß, der runde Spiegel verdoppelt die ohnehin positiven Pflanzen, die versilberten Accessoires verstärken die Harmonisierung. Das Entweichen des Ch'i durch den Kamin wird durch den prachtvollen Farn wirksam gebremst.

Der Feng-Shui-Fragebogen

Schnelle Antworten auf drängende Fragen

	Ja	Nein
1. Führt ein schnurgerader Weg oder eine Straße direkt auf Ihre Eingangstür zu?	○	○
2. Weisen Häuserkanten oder Dachecken auf Ihre Wohnung?	○	○
3. Liegen sich in einigen Ihrer Zimmer Fenster und Türen direkt gegenüber?	○	○
4. Durchzieht Ihre Wohnung ein langer schmaler Flur?	○	○
5. Befinden sich das Gäste-WC oder Badezimmer unmittelbar neben der Eingangstür?	○	○
6. Haben Sie in bestimmten Bereichen Ihrer Wohnung das Gefühl, als würde Ihnen Energie „abgesaugt"?	○	○
7. Fühlen Sie sich in Ihren vier Wänden oft schlapp und lustlos?	○	○
8. Haben Sie das Gefühl, Ihr Partner und Sie seien wie Feuer und Wasser?	○	○
9. Ist Ihr Kind in letzter Zeit oft unkonzentriert, und sacken seine schulischen Leistungen ab?	○	○
10. Bereitet es Ihnen Schwierigkeiten, Ihre Ideen in die Tat umzusetzen?	○	○

11. Ecken Sie in Ihrer Wohnung öfter mal so an, daß Sie sich blaue Flecken holen? ○ ○

12. Leiden Sie unter Schlaflosigkeit, oder haben Sie einen unruhigen Schlaf? ○ ○

13. Rinnt Ihnen in letzter Zeit das Geld wie Sand durch die Finger? ○ ○

14. Haben Sie den Eindruck, daß Sie in bestimmten Bereichen Ihres Lebens nur mit „angezogener Handbremse" vorwärtskommen? ○ ○

15. Planen Sie demnächst einen Möbelkauf? ○ ○

16. Sind Sie beruflich in eine Sackgasse geraten? ○ ○

17. Ist der Zusammenhalt Ihrer Familie gefährdet? ○ ○

18. Bekommen Sie daheim nur selten Besuch? ○ ○

19. Sehnen Sie sich nach einem Partner? ○ ○

20. Fühlen Sie sich im Beruf genügend geachtet und gefördert? ○ ○

Wenn Sie mit „Ja" geantwortet haben ...

zu 1) Vorsicht: Solche Wege befördern beschleunigtes Ch'i, also Sha. Gleichen Sie die Störquelle aus. (siehe Seite 88ff.)

zu 2) Für diese Giftpfeile können wir Ihnen Schutzschilder empfehlen. (siehe Seiten 20f.)

zu 3) Hier entsteht eine Energieautobahn, die Sie regulieren sollten. (siehe Seite 68)

zu 4) Lange schmale Flure begünstigen die Entstehung von Sha, das sich auf die Bewohner negativ auswirken kann.
Erste Hilfe finden Sie auf Seite 94f.

zu 5) Achtung: Wasser ist das Symbol für Reichtum. Die Chinesen glauben, daß in einer solchen Situation das Geld „den Bach runter geht". (siehe Seite 96)

zu 6) Prüfen Sie die entsprechenden Orte. Möglicherweise handelt es sich um stagniertes Ch'i, das unbedingt in Bewegung kommen sollte. (siehe Seite 113f.)

zu 7) Gehen Sie auf Sha-Fahndung, und energetisieren Sie Ihre Wohnung. (siehe Seite 88ff.)

zu 8) Analysieren Sie Ihre persönlichen Elemente und die Ihres Wohnraumes. Sorgen Sie, wenn nötig, für einen energetischen Ausgleich. (siehe Seite 35ff.)

zu 9) Überprüfen Sie das Zimmer Ihres Kindes und harmonisieren Sie Fehlbereiche, eventuell auch die Wissensecke.
(siehe Seite 107ff.)

zu 10) Aktivieren Sie die „Wand der Kinder", damit Ihre geistigen Kinder das Licht der Welt erblicken können. (siehe Seite 57)

zu 11) Gehen Sie auf Sha-Fahndung: Bei Ihnen existieren (zu) viele Ecken und Kanten, die Sie entschärfen sollten
(siehe Seite 99, 102f., 109)

zu 12) Prüfen Sie die Position Ihres Bettes. Steht es unter einer Schräge, in der Nähe von Balken oder elektrischen Geräten? (siehe Seite 104f., 107f.)

zu 13) Überprüfen Sie die Bäder. Sind Toilettentür und WC-Deckel stets geschlossen? Oder tropft bei Ihnen in der Wohnung ein Wasserhahn? (siehe Seite 96)

zu 14) In diesem Lebensbereich besteht offensichtlich ein Mangel. Möglicherweise könnte es sich um fehlende Ecken handeln. (siehe Seite 81f.)

zu 15) Die Chinesen glauben: Auf die (Glücks-)Maße kommt es an. (Informieren Sie sich auf Seite 47f.)

zu 16) Aktivieren Sie den Karriere-Bereich. (siehe Seite 51)

zu 17) Richten Sie einen Familientreffpunkt in Ihrem Wohnzimmer ein. Aktivieren Sie den Bagua-Bereich für die Familie. (siehe Seite 53)

zu 18) Auch Ihre Wohnung hat einen speziellen Bereich, der Hilfreichen Freunden gewidmet ist. (Vorschläge dazu finden Sie auf der Seite 58)

zu 19) Versuchen Sie's doch damit: Rücken Sie Ihr Bett in die Partnerschaftsecke. (siehe Seite 56)

zu 20) Aktivieren Sie die Ecke der Hilfreichen Freunde – hier finden Sie auch Ihren Mentor. Die Karrierewand sollten Sie ebenfalls beachten. (siehe Seite 51 und 58)

Die Arbeit mit dem Bagua

Um das Energieniveau Ihres Heimes zu ermitteln, machen Sie zuerst eine Bagua-Analyse bezogen auf den Gesamtgrundriß Ihrer Wohnung bzw. Ihres Hauses. Daraus ersehen Sie „Hilfreiche Erweiterungen" und/oder eventuelle „Fehlbereiche" (s. S. 81). Letztere sollten auf jeden Fall ausgeglichen werden. Nun beginnen Sie die Bagua-Analyse für die einzelnen Zimmer und aktivieren dabei die Baguabereiche, die im Gesamtmaßstab der Wohnung nicht vollständig vertreten sind. So eignet sich zur Aktivierung der Partnerschaftsecke besonders das Schlafzimmer.

Das Bagua kann – wie bereits erwähnt – auf alle Grundrisse (Grundstück, Haus, Wohnung, Zimmer, Möbel) aufgelegt werden. Ausgangspunkt für die Diagnose ist stets der Eingangsbereich (Pfeil). Gibt es in Wohnung oder Haus zwei Eingänge oder Türen, zählt der am häufigsten benutzte. Garagen, unbewohnte Anbauten, Schuppen oder Ställe zählen nicht zum Wohnbereich. Anders Balkone, Terrassen, Erker und Wintergärten. Und so wird's gemacht:

- Zeichnen Sie Ihren Grundriß (Grundstück, Wohnung, Zimmer, Schreibtisch). Oder kopieren Sie ihn von Architektenplänen ab und verkleinern oder vergrößern Sie ihn, so daß er auf eine DIN-A4-Seite paßt.
- Legen Sie auf den Grundriß ein Transparentpapier oder eine durchsichtige Folie, und zeichnen Sie die äußeren Umrisse des Grundrisses ab.

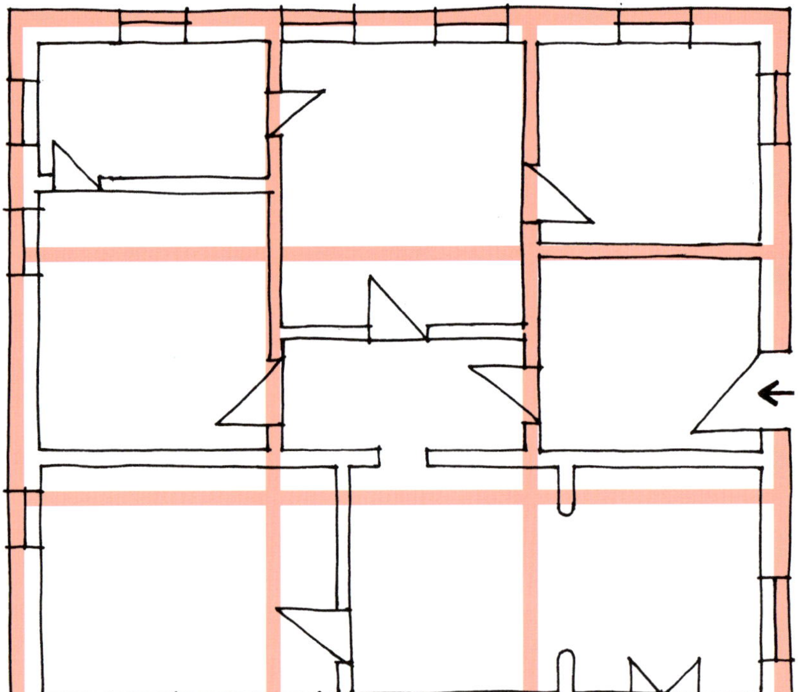

- Markieren Sie den Eingangsbereich auf dem Überleger. (Bei unregelmäßigen Grundstücken verlängern Sie die Linien, bis ein Rechteck entsteht.)
- Teilen Sie die Seiten des auf dem Überleger entstandenen Rechtecks in jeweils drei gleiche Abschnitte.
- Gleichen Sie Fehlbereiche aus.
- Verbinden Sie die Diagonalen, so daß zusätzlich ein Achteck entsteht.
- Bezeichnen Sie die nun entstandenen Wandmittelstücke und Ecken (Bereiche) mit ihren Namen (siehe Bagua, Seite 50).
- Stellen Sie fest, wo es Unregelmäßigkeiten und Fehlbereiche gibt.
- Checken Sie außerdem, ob Möbel und Accessoires richtig stehen oder nunmehr eher fehl am Platz sind.
- Aktivieren Sie den Fehlbereich mit Feng-Shui-„Heilmitteln", oder stellen Sie Möbel um.

Zum Ausgleich des Karrierebereichs bietet sich das Arbeitszimmer oder der Schreibtisch an. Stärken Sie aber auch die Lebensthemen, mit denen Sie zur Zeit Probleme haben, selbst wenn Sie im Gesamtbagua harmonisch vertreten sind.

Fehlbereich oder hilfreiche Erweiterung? Dies hängt von den Größenverhältnissen ab. Um eine hilfreiche Erweiterung handelt es sich, wenn der außerhalb des Baguas liegende Abschnitt kleiner als 50% des Bereiches ist, aus dem er hervorging. In diesem Fall können Sie damit rechnen, daß Ihnen für dieses Lebensziel besonders viel Energie zur Verfügung steht.

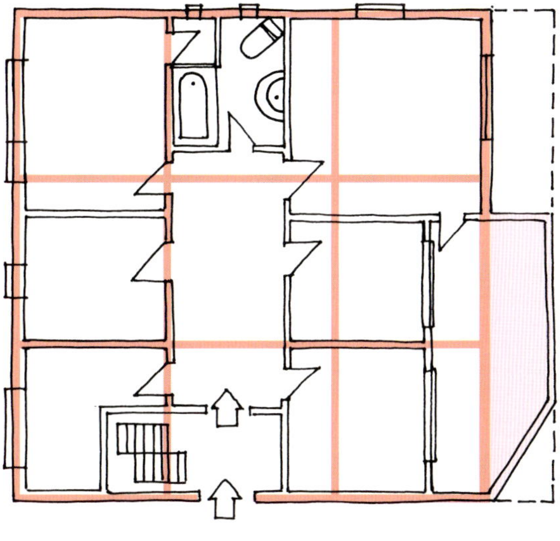

Links: Hilfreiche Erweiterungen an der Wand der Kinder und der Hilfreiche-Freunde-Ecke

Ganz links: Rechteckige, besser noch quadratische Grundrisse sind ideal für die Arbeit mit dem Bagua

Fehlbereiche treten auf, wenn der über das Bagua hinausreichende Abschnitt größer als 50% ist gegenüber dem Bereich, aus dem er hervorgeht. Sie treten auf, wenn, bedingt zum Beispiel durch Balkone, Terrassen, Erker, Veranden oder Wintergärten, der Grundriß kein Quadrat oder Rechteck ist. Auch unter Zimmern liegende Garagen sind grundsätzlich Fehlbereiche.

Je nachdem, wo sich dieser Mangel zeigt, wird Ihnen nicht die volle Energie zur Verfügung stehen. Früher oder später kann sich dann das Defizit bei den Bewohnern bemerkbar machen. Zeit also, hier durch geeignete Maßnahmen auszugleichen.

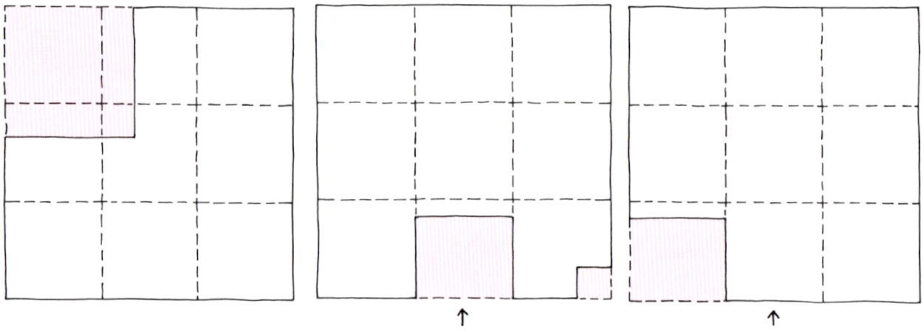

Fehlbereiche im Reichtumsbereich (links), im Karrierebereich (Mitte) und im Wissensbereich (rechts)

Bei Grundrissen in L- oder T-Form hilft Ihnen ein kleiner Trick. Teilen Sie den Grundriß in zwei Vierecke, und legen Sie das Bagua nacheinander erst auf den einen, dann auf den anderen Teil. Anhaltspunkte zum Auflegen sind auch hier wieder die Eingänge in die Wohnung oder das Haus. Gibt es beim zweiten Teil keinen, der von außen nach innen führt, so kann stellvertretend auch eine viel genutzte Zimmertür als Grundlage der Analyse verwendet werden.

Ausgleich von Fehlbereichen. Wir kennen verschiedene Wege, Fehlbereiche auszugleichen. Haben Sie die Möglichkeit, auch außerhalb des Hauses zu arbeiten, so bietet sich folgendes an:

- Verlängern Sie in Gedanken den Grundriß um die fehlende Ecke, und plazieren Sie dann außerhalb des Hauses (Grundstück, Balkon etc.) an dieser Stelle den Ausgleich in Form einer hellen Leuchte, einer kräftigen Pflanze oder eines Mobiles. Auch Windräder, in einen Blumentopf gesteckt, füllen den fehlenden Bereich. Dieser äußere Raum ist nun symbolisch mit der Wohnung verbunden und kann für die Bewohner aktiv werden. Neben der äußeren Harmonisierung können Sie die folgenden Tips selbstverständlich auch für den Innenbereich anwenden.

- Wenn Sie außen nicht ausgleichen können, schauen Sie sich im Inneren der Wohnung nach Harmonisierung um. In diesem Fall werden immer die angrenzenden Zonen des Fehlbereichs aktiviert. Liegt er zum Beispiel an einem Fenster, so kann ein gut plazierter Spiegel (die fürs Auto lassen sich am besten einstellen) die fehlende Ecke kaschieren. Auch Regenbogenkristalle sind wirksam, weil sie verstärkt Energie anziehen. Befindet sich die Problemzone nicht am Fenster, sondern an einer Wand, so können auch hier gut plazierte Spiegel den verminderten Raum optisch weiten und ihm mehr Energie zu führen.

- Da sich das Bagua im großen wie auch im kleinen widerspiegelt, sollten Sie in jedem Zimmer der Wohnung den Fehlbereich ersatzhalber aktivieren. Geeignete Mittel sind Energiepflanzen und Leuchten, aber auch Symbole, die für Sie persönlich mit diesem Bereich in Verbindung stehen. Anregungen finden Sie in den einzelnen Themen des Bagua (Seite 48ff.).

Bagua spiegelt sich im großen und im kleinen wider. Deshalb sollte jeder Fehlbereich in jedem Zimmer aktiviert werden. Wirksame Hilfsmittel zur Harmonisierung Ihrer Wohnung sind Windräder, gutplazierte Spiegel, Leuchten und Energiepflanzen.

Beispiel aus der Praxis

Wenn die Wissensecke fehlt. Familie M. wohnt in einem Hochhaus. Bei der Bagua-Analyse zeigt der Grundriß der Wohnung eine fehlende Ecke im Bereich Wissen. Der Familienvater geht auf die Abendschule und wird demnächst sein Ingenieursstudium beenden.

Lösung. Hier galt es nun, das Lernen zu unterstützen. Um die fehlende Ecke in diesem Bereich auszugleichen, wurde in jedem Zimmer der Wohnung die Wissensecke aktiviert. Herr M. rahmte Zertifikate bisher erfolgreich bestandener Prüfungen ein und hängte sie an die Wand. Sein Sohn,

Rechts: Bei diesem Grundriß (Eingangsbereich siehe Pfeil) fehlen die Ecken Reichtum, Partnerschaft und Hilfreiche Freunde.

Rechts: Um die fehlenden Ecken auszugleichen, wurden exakt an den verlängerten Linien im Eingangsbereich, auf der Terrasse und in Hausnähe Blumenkübel aufgestellt oder Pflanzen gesetzt. Genauso lassen sich auch Fehlbereiche ausgleichen, wenn man das Bagua auf einen Wohnungs- oder Zimmerplan legt.

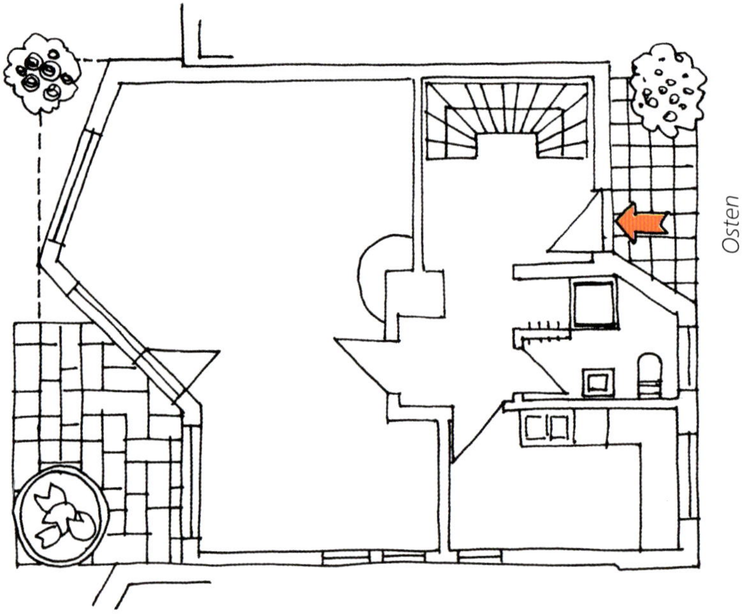

ein kleines Computergenie, gestaltete ihm schon vorweg die Abschlußurkunde der mit „sehr gut" bestandenen Prüfung. Sein Schreibtisch wurde in die Wissensecke gerückt und über das Bagua aktiviert. Im Schreibtischbereich „Wissen" reihte er die Bücher auf, in denen der benötigte Stoff gepeichert war. Gleichzeitig fand seine Leuchte hier Platz, um die Energie zu aktivieren. Er sägte seinen Holzschreibtisch auf eine Länge von 105 cm zurecht, dem Maß, das einen Berater, beziehungsweise einen Mentor, anzieht. Über ihm hing ein Mobile mit vielen kleinen Büchern und Urkunden. Derart unterstützt und motiviert lernte er leichter denn je. Sein Lehrer, der das ernsthafte Interesse spürte, unterstützte ihn ganz besonders, und irgendwie erschien es Herrn M., als ob er unsichtbare Hilfe hätte. Er bestand die Prüfung mit Glanz und Gloria.

Das Überprüfen der Umgebung

Das ideale Feng-Shui-Haus liegt eingebettet in eine sanft hügelige Landschaft und öffnet sich mit seiner Rückseite zum Süden hin. Der Blick fällt auf ein leicht bewegtes Wasser. Vergleichen können wir diese Landschaftsmerkmale mit einem Lehnstuhl. Dabei wird die schützende Rückenlehne von einem Berg oder Hügel gebildet – im Feng Shui wird dieser Beschützer auch „Schwarze Schildkröte" genannt. An den Seiten geben zwei kleinere Hügel Halt, die das Haus aber nicht beengen dürfen. Der rechte wird im Feng Shui „Grüner Drache" genannt, der linke ist der „Weiße Tiger". Im Idealfall ist der Drache etwas größer als der Tiger. Und damit es ganz perfekt wird, darf auch der „Rote Phönix", der ideale Zugang vor dem Haus, nicht fehlen.

Im Feng Shui werden die Beschützer eines Hauses „Schwarze Schildkröte", „Grüner Drache", „Weißer Tiger" und „Roter Phönix" genannt.

Gutes Ch'i in der Umgebung bieten Bäume, Zäune, Hecken, Flüsse, Bäche. Dabei sollten die Bäume aber nicht zu dicht am Haus stehen, vor allem, wenn es sich um große Exemplare handelt. Die mehr oder weniger überall vorhandenen Sha-Quellen in der Umgebung wie Hochspannungsmasten, Transformatoren usw. kann man nur mildern.

Die Lage des Grundstücks. Überall, wo sich saftiges, vitales Grün in Form von Bäumen, Sträuchern und blühenden Blumen zeigt, ist ausreichend Ch'i vorhanden. Grundstücke, auf denen Pflanzen einfach nicht gedeihen wollen oder nicht blühen, sind unterversorgt. In der Regel ist der Boden steinig, staunaß, extrem sauer oder arm an Nährstoffen. Wenn das Grundstück sonst sonnig und gut liegt, helfen Bodenverbesserungsmaßnahmen. Darüber hinaus können Sie das zu tief liegende Ch'i (zum Beispiel mit einer Wasseranlage) an die Oberfläche locken. Schlechtes Wachstum beobachtet man auch bei schattigen Grundstücken, die eindeutig zu Yin-betont sind. Hier fehlt das wärmende Element.

Ch'i-Aktivierung bei Grundstücksmängeln. Je nach Problem gibt es mehrere Möglichkeiten:

- Legen Sie bei tiefliegendem Ch'i einen Teich an. Neben dem Teich bringen Sie eine Leuchte an. In diesem Spannungsfeld zwischen Wasser und Feuer, zwischen Yin und Yang, wird sich das Ch'i gern bewegen. Wichtig ist, daß das Wasser immer wieder erneuert wird.
- Miniteiche, Springbrunnen, Wasserspiele, Vogeltränken und schöne, mit Wasser gefüllte Terrakottagefäße erfüllen den gleichen Zweck, sind aber weniger aufwendig und brauchen kaum Platz. Statt der elektrischen Leuchte kann ein Windlicht oder eine Fackel den selben Zweck erfüllen.
- Schattige Grundstücke brauchen einen „Sonnenersatz", zum Beispiel durch ausreichende Beleuchtung oder durch Yang-Farben, durch rote Blumenkübel oder rotblühende robuste Pflanzen. Beziehen Sie auch Ihre Erkenntnisse über die Elemente in die Gestaltung mit ein. So können Sie die Feuchtigkeit ebenfalls mit Symbolen, die dem Holzelement zugeordnet sind, ausgleichen. Denn – Sie erinnern sich – Wasser nährt Holz.

Foto rechts: Bei tiefliegendem Ch'i ist es immer günstig, einen Teich anzulegen. Erzeugen Sie dann ein Spannungsfeld zwischen Wasser und Feuer, indem Sie eine Leuchte oder Fackeln in die Nähe des Teiches postieren. Das Ch'i wird sich hier gerne bewegen, zumal auch der achteckige Sonnenschirm Glück anzieht.

Die Grundstücksformen. Neben der Lage eines Grundstückes sollten Sie auch die Form beachten. Positiv: Regelmäßige harmonisch und in sich geschlossene viereckige Grundstücke. Auf einem Grundstück mit einer stabilen Form, wird sich das Leben der Bewohner beständiger ent-

wickeln, in einer harmonischen Form kann die Lebensenergie frei fließen. Ebenfalls positiv: Trapezförmige Grundstücke, die je nach Form in eine Geldbörse oder Kehrschaufel verwandelt werden können.

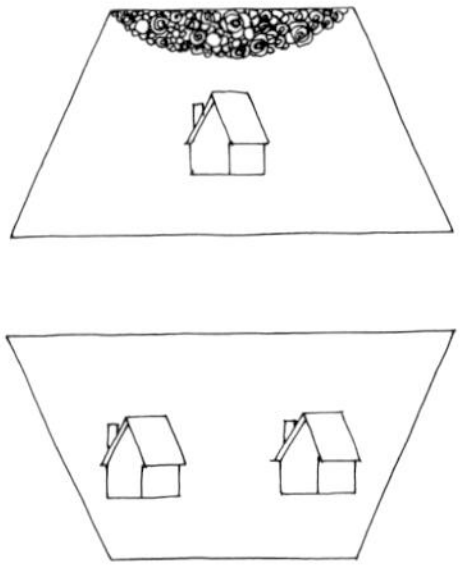

Trapezförmige Grundstücke sind positiv

- Geldbörse: Befindet sich die schmalere Seite des Trapezes vorn, so können Sie Ihr Grundstück durch einen kleinen Trick in eine Geldbörse verwandeln. Legen Sie vorne einen Bogen an. Das kann durch Blumen oder Sträucher, aber auch durch einen auf diese Weise gestalteten Weg geschehen. Die Geldbörsenform verhilft Ihnen dazu, das Ch'i und damit auch den Reichtum anzuziehen.
- Kehrschaufel: Wenn die breite Seite des Trapezes sich auf der Vorderseite des Hauses befindet, ähnelt diese Form einer Kehrschaufel – auch Muschelform genannt. Damit das Ch'i bleiben kann, sollte das Haus auf einem der „Muskel" errichtet werden. Stabilisierend wirken aber auch eine breite Hecke oder Sträucher, die längs der Vorderfront gepflanzt werden. Negativ: Unsymmetrische, dreieckige oder L-förmige Grundstücke. Sie besitzen ein energetisches Ungleichgewicht und wirken instabil.

Der Hafen Hongkongs hat die Form einer Geldbörse mit einer so kleinen Öffnung, daß der Reichtum auch zukünftig nicht verlorengeht.

Ch'i-Aktivierung bei fehlenden Ecken. Grundstücke mit fehlenden Ecken können Sie ausgleichen, indem in der Nähe des Mangels ein Energiesammelpunkt errichtet wird. Auf Grundstücken bieten sich vor allem Leuchten sowie Wasserspiele, Springbrunnen oder üppige Blumenkübel an.

Das Überprüfen des Hauses

Die Wohnung, das Zuhause, bildet unsere persönliche Grenze zur Außenwelt. Hier tanken wir Energie, ruhen uns vom Alltag aus. Wie unsere körperliche Hülle, die Haut, umschließt sie unseren persönlichen Lebensraum, bietet Schutz vor der Außenwelt, steht aber gleichzeitig in ständiger Verbindung mit ihr und ist in das Gesamtgeschehen der Umgebung eingebettet. Wenn wir einen Menschen sehen, so schauen wir ihm zuerst ins Gesicht, seine Gesichtszüge offenbaren schon äußerlich Grundzüge seines Charakters. Ähnlich ist es mit unseren Häusern. Manche sprechen uns an, sie sind uns angenehm, andere dagegen wirken abweisend, kalt und steril. Und so haben die Häuser, in denen wir leben, ein ganz eigenes Gesicht, das vor allem auch durch die Türen und die Fenster gezeichnet wird. Durch die geöffnete Tür betreten wir ein Haus – sie steht für den Mund –, durch die Fenster kann der Bewohner von innen die Außenwelt wahrnehmen. Von großer Bedeutung ist auch der Weg, den das Ch'i nimmt, um in das Haus und aus dem Haus zu gelangen. Und hier sind wir nun beim äußeren Eingangsbereich.

Der Eingangsbereich zu unserem Zuhause sollte freundlich, hell und einladend gestaltet sein.

Wege zur Haustür sollten möglichst gewunden gestaltet sein. Besitzen Sie diese Gestaltungsmöglichkeit nicht, so wie es zum Beispiel bei Stadthäusern mit kleinen Vorgärten der Fall ist, können Pflanzen, die mal rechts und mal links des Weges bzw. Aufganges plaziert werden, dem Ch'i einen harmonischeren Verlauf geben.

Vor der Haustür sollte sich ein Absatz befinden, damit das Ch'i verweilen kann. Schmale und steil nach unten gerichtete Stufen lassen den Wohlstand und damit auch das Geld buchstäblich aus dem Hause fließen. Die Lösung wäre hier, unten eine Leuchte und/oder einen Spiegel anzubringen, die/der das Ch'i bindet und wieder zurück nach oben leitet.

Der Eingangsbereich hat neben der Anziehung von günstigem Ch'i für die Bewohner auch die Aufgabe, Sha abzuwenden. Besonders gut eignen sich dazu Spiegel und andere reflektierende Elemente wie glänzende Türgriffe oder Namensschilder.

Haus- und Wohnungstür. Der Eingangsbereich zu unserem Wohndomizil sollte freundlich, hell und einladend gestaltet sein. Ideal ist es, wenn sich die Eingangstür des Hauses/der Wohnung nach innen öffnet. Außerdem sollte sie im Verhältnis zum Haus (bei Mehrfamilienhäusern zum Flur) eine harmonische Größe besitzen und groß genug sein, Ch'i Einlaß zu gewähren, andererseits aber nicht zu groß, weil sonst das Ch'i zu schnell in unsere Wohnräume fließt.

Klangspiele, Glocken, Glückssymbole, Mobiles und besonders kugelförmige Buchsbäume ziehen gutes Ch'i in die Wohnung. Ein Perlenvorhang an der Türinnenseite verhindert das Entweichen.

Ch'i-Aktivierung im Eingangsbereich. Nachstehend einige Beispiele:

- Hängen Sie Klangspiele und Glocken auf. Das zieht nicht nur gutes Ch'i in die Wohnung, sondern signalisiert Ihnen auch, ob jemand an der Tür ist.
- Entschärfen Sie eckige Formen, indem Sie zum Beispiel von innen in die Tür einen Vorhang hängen, der zu beiden Seiten weich zusammengerafft wird. Vorsicht – der Stoff sollte nicht zu schwer sein!
- Hängen Sie Türkränze, gebundene Blumen an die Tür, oder plazieren Sie Blumenkübel oder Rankpflanzen neben der Tür. Das macht kantige Türen optisch weicher und harmonischer.

Ch'i-Ausgleich bei zu kleinen Türen. Hier ein paar Vorschläge:

- Schmücken Sie den Eingangsbereich mit Blumenkübeln. Besonders gut eignen sich kugelförmige Buchsbäume.
- Ziehen Sie das Ch'i durch schöne Feng-Shui-Objekte (Mobiles, Klangspiele, Glückssymbole usw.) an. Plazieren Sie diese sowohl außerhalb als auch innerhalb der Tür. Das Ch'i fühlt sich nun „eingeladen".
- Bringen Sie über der Tür in ausreichendem Abstand (auf die Harmonie achten) einen Türbogen aus Seidenblumen oder Ranken an.
- Sorgen Sie für eine gute Lüftung, damit immer frische Energie in Ihr Haus strömen kann.
- Plazieren Sie innen im Eingangsbereich gegenüber der Tür einen nicht zu großen Spiegel, damit – wenn sich die Tür öffnet – das Ch'i verstärkt ins Haus gelangt.

Foto rechts: Liebevoll gestaltete symmetrische Eingänge ziehen positives Ch'i an. Lassen sich Eingangstüren nach innen öffnen, wird der Energiefluß noch verstärkt.

Ch'i-Aktivierung bei zu großen Türen. Hier geht es vor allem darum, das Entweichen von Energie zu bremsen.

- Beleuchten Sie den Eingangsbereich Ihres Hauses ausreichend. Vor allem innen sollte der Flur gut ausgeleuchtet sein.
- Ch'i kann nicht so schnell aus der Tür, wenn man einen Perlenvorhang innen vor die Tür hängt. Ch'i verweilt hier und „spielt" mit den Perlen.
- Hängen Sie in Ihren Flur schöne Feng-Shui-Objekte, damit das Ch'i bei Ihnen bleiben will.

Wohnungstüren. Auch für die Türen der Innenräume sind Größe und Form ausschlaggebend. Da in unseren Breiten eckige Türen dominieren, empfehlen sich hier als Harmonisierung rundliche Gestaltungselemente, die an der Tür befestigt werden. Das können Kränze aus Seidenblumen, Glöckchen, Schleifen sein, genausogut aber auch der Smiley-Aufkleber für die Tür zum Kinderzimmer. Bei großen Türen (durch die das Ch'i zu schnell entweicht) könnte man mit einem Mobile oder einem Klangspiel einen Ch'i-Sammelpunkt schaffen. Ist die Tür zu klein, so hilft die geschickte Plazierung eines Spiegels, Lebensenergie ins Zimmer zu locken.

Ist ein Haus lange Zeit unbewohnt, stagniert das Ch'i, weil die Bewegung der Energie und damit der Sauerstoffaustausch von innen nach außen fehlen (siehe auch Seite 73).

Türen sollten durch das Öffnen und Schließen dazu beitragen, das Ch'i durch die Wohnung zu pumpen. Günstig ist, wenn sie sich vom Flur in die Zimmer öffnen und beim Eintritt den Blick in den Raum freigeben. Tritt man dagegen direkt vor eine Wand, so wird das Hindernisse im Leben der Bewohner nach sich ziehen. Hier hilft es, an der Wand, auf die man zutritt, einen Spiegel anzubringen.

Fenster. Eine wichtige Funktion erfüllen die Fenster auch im Wechsel und Austausch des Ch'i von Innen und Außen. Interessant ist, daß früher die Fenster nach draußen geöffnet wurden. Diese Handlung des „Sich-nach-außen-Öffnens" ist auch symbolisch auf die Bewohner übertragbar. Heute werden Fenster meist nach innen geöffnet, was im übertragenen Sinne die Zurückhaltung und Vereinsamung fördert.

Fenster wie Türen ermöglichen den aktiven Austausch und den Zustrom des Ch'i. Durch sie strömt der Atem des Lebens in das Haus. Wir alle wissen, wie anders unsere Wohnung sich „anfühlt", wenn wir längere Zeit verreist waren und keinen Nachbarn hatten, der ab und zu einmal lüftet. Ist ein Haus lange Zeit unbewohnt, stagniert das Ch'i, weil die Bewegung des Ch'i und damit der Sauerstoffaustausch von innen und außen fehlen. Zudem fehlt das mobile Ch'i der Bewohner, die das Haus beleben. Und so sagt man: Das Haus ist erkrankt – es atmet nicht mehr. Wenn wir solch eine Wohnung betreten, stockt uns der Atem. Ähnlich ist es bei Neubauten, die noch nicht „gelebt" haben. Um so mehr sollten wir die wesentliche Funktion der Fenster zum Austausch der Lebensenergie unterstützen. Darum:

- Lüften Sie täglich, kurz und kräftig ist besser als dauernd leicht geöffnete Kippfenster. Gekippte Fenster erlauben übrigens keinen ausreichenden und ungehinderten Fluß des Ch'i.

Die Fensterformen. Auch hier gelten die Grundsätze des Feng Shui in bezug auf die Form und Größe. Günstige Formen sind die weich anmutenden, bei uns leider sehr selten gewordenen, halbrunden Fenster.

Weich anmutende, halbrunde Fenster sind sehr günstig und locken gutes Ch'i ins Haus.

Ch'i-Aktivierung bei eckigen Fenstern. Beachten Sie die folgenden Vorschläge:

- Bringen Sie Fensterläden an, die oben leicht abgerundet sind, sie machen die Kanten der Fenster optisch weicher.
- Markisen mit Rundungen erfüllen den gleichen Zweck.
- Von innen können Gardinen aus weichen, fließenden Stoffen und mit runden, weichen Drapierungen den Fensterecken ihre Härte nehmen.
- Pflanzen auf der Fensterbank oder hübsche Fensterbilder sind ebenfalls günstig.

Heimharmonisierung von Zimmer zu Zimmer

Die Wohnung, in der wir uns täglich aufhalten, ist nach dem Arbeitsplatz der wichtigste Bereich für das Praktizieren von Feng Shui. Um Klarheit über den Zustand zu gewinnen, ist es wichtig, sie Zimmer für Zimmer zu erforschen. Auch hier hilft das Auflegen des Bagua (Seite 49ff.), Stärken und Mängel zu erkennen.

Der Flur. Ein idealer Flur ist rechteckig, besser noch quadratisch, die optimale Form achteckig. Er wirkt einladend und hell, ist immer aufgeräumt und mit Möbeln, die weiche, fließende Formen besitzen, ausgestattet. Ein richtig plazierter Spiegel, ein Blumenstrauß auf einer Kommode fördert die Harmonie. Die Wirklichkeit präsentiert uns aber in der Regel Flure mit Problemen.

Häufigstes Beispiel: Ein zu langer Flur, links und rechts gesäumt von Türen, beschleunigt das Ch'i. Es entsteht eine „Energieautobahn" mit Sha-Einfluß. Besonders scharfe Giftpfeile zielen auf die dem Eingang gegenüberliegende Tür, hinter der das Wohnzimmer liegt.

Zu lange Flure, die rechts und links mit Türen gesäumt sind, beschleunigen das Sha. Die Folge sind sogenannte „Energieautobahnen".

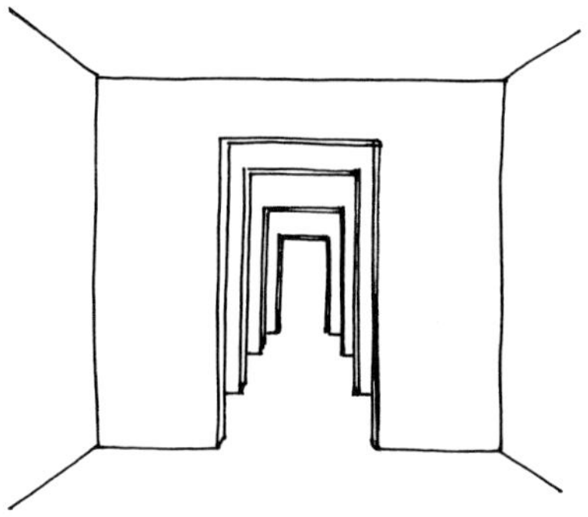

Ch'i-Aktivierung bei zu langen Fluren:

- Hängen Sie Bambusflöten mit dem Mundstück nach unten auf (siehe auch „Heilmittel" des Feng Shui, Seite 68), auf denen das Ch'i „spielen" kann. Durch die Hohlräume wird das Ch'i nach oben geleitet.
- Wer Flöten zu „fernöstlich" findet, plaziert rechts und links den Flur

entlang Grünpflanzen, vorausgesetzt, dieser ist breit genug. An ihnen kann das Ch'i verweilen und „saust" nicht mehr schnell weiter.

- Bei zu schmalen Fluren hängen Sie ein Mobile oder ein Klangspiel in die Mitte des Flurs und bremsen damit schädliches Sha.

Geradlinige Sha-Energie in Fluren kann durch Energiepflanzen wie Rosen, richtig plazierte Spiegel, Kerzenleuchter, helles Licht und ein einladendes Ambiente zerstreut werden.

Achten Sie darauf, niemals direkt neben der Eingangstür einen Spiegel aufzuhängen. Diesen Fehler haben so manche unserer Bekannten gemacht, um dem Raum mehr Tiefe zu geben. Der ungewollte Effekt ist, daß dadurch das einfließende Ch'i sofort wieder hinausbefördert wird. Hilfreich kann dagegen ein Spiegel sein, der im Abstand von mindestens drei Metern am Ende des Flurs plaziert wird. Am besten wählen Sie einen leicht nach außen gewölbten (konvexen) Spiegel, weil er das Sha zerstreut.

Tropfende Wasserhähne sind nicht nur nervenaufreibend, sondern symbolisieren auch stetigen Geldverlust. Es ist ungefähr so, als würden Sie mit einem undichten Portemonnaie einkaufen. Also Klempnerarbeiten immer sofort erledigen lassen.

Das (Gäste-)WC ist wie das Bad ein Naßraum und steht mit dem Element Wasser in Verbindung. In den meisten Wohnungen befindet es sich unmittelbar in Eingangsnähe, was laut Feng Shui zu Energieverlusten führen kann, weil das eintretende Ch'i gleichsam weggespült wird. Es ist natürlich auch nicht optimal, wenn das WC im Partnerschafts- oder Reichtumsbereich liegt. Dort besteht die Gefahr, daß Wohlstand und Ehe „den Bach runtergehen".

Ch'i-Aktivierung im WC. Da Toiletten als „Stiefkinder der Architekten" viele Mängel aufweisen, empfiehlt sich folgendes:

- Sorgen Sie für viel Licht. Ideal ist ein eigenes Fenster.
- Lassen Sie stets die WC-Tür und den Toilettendeckel geschlossen, damit die Energie nicht weggetragen wird.
- Kleben Sie ein „Wasserfall-Poster" an die WC-Innentür oder an eine Wand.
- Stellen Sie „Duft-Schalen" auf.
- Sorgen Sie für gute Be- und Entlüftung – wichtig bei Toiletten ohne Fenster.
- Hängen Sie ein Mobile aus Bergkristallen oder Spiralen in die Toilette (wenn die Decke hoch genug ist).

Das Bad. Hier gilt das Gleiche wie für die Toilette. Wenn irgend möglich, sollte Ihr Schlafzimmer nicht an der Wand des Badezimmers liegen, weil dies nicht gut für einen ruhigen Schlaf ist. Achten Sie im Bad darauf, daß Sie beim Betreten des Raumes nicht direkt auf die Toilette schauen. Ein Paravent oder ein Perlenvorhang können Abhilfe schaffen. Das gilt auch für ein Bidet. Manchmal verdecken schon Handtuchhalter den allzu freien Blick auf das WC oder Bidet.

Foto rechts: Das Badezimmer sollte nach Möglichkeit nicht an das Schlafzimmer angrenzen. Planen Sie Ihr Bad so, daß Sie beim Betreten nicht direkt auf die Toilette schauen.

Die Küche ist für die Chinesen der Ort des Reichtums und gehört damit zu den wichtigsten Bereichen der Wohnung. Es gibt einige Feng-Shui-Regeln für die Küche, die auch für uns Westeuropäer Sinn machen:

- Die Küche sollte nicht unmittelbar im Eingangsbereich liegen. Das könnte – nach chinesischem Feng Shui – dazu führen, daß man sich zu sehr auf das Essen konzentriert.
- Herd und Spüle sowie Herd und Kühlschrank dürfen niemals nebeneinander stehen – denn „Wasser löscht Feuer".
- Die Hausfrau sollte nicht mit dem Rücken zur Tür stehen, wenn sie am Herd arbeitet.
- Es ist positiv für die ganze Familie, wenn die Küche sauber, aufgeräumt und übersichtlich ist.
- Geschlossene Schränke sind besser als offene Regale (versteckte Pfeile!)

Die Küche sollte nicht unmittelbar im Eingangsbereich liegen.

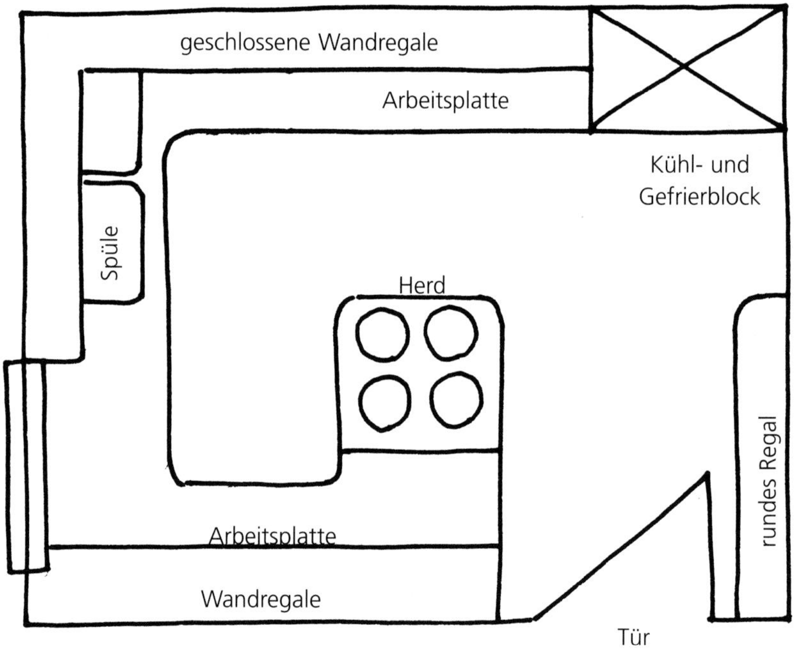

Nach Feng Shui positiv zu wertender Einrichtungsvorschlag für eine Küche.

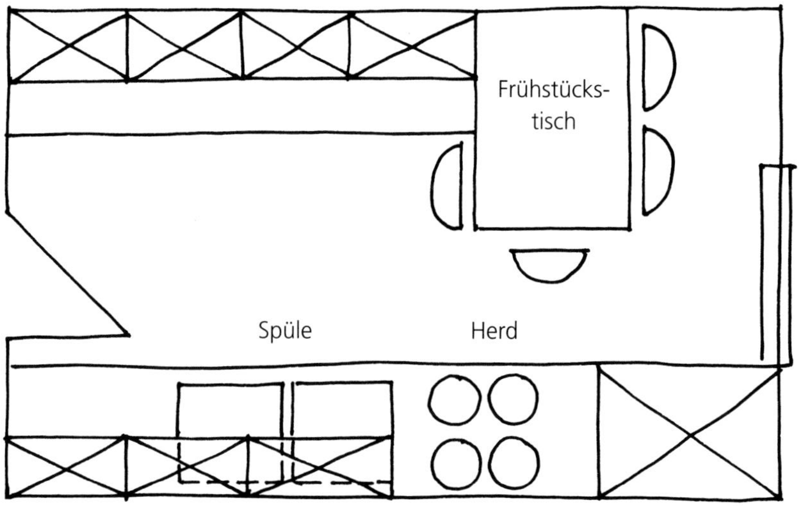

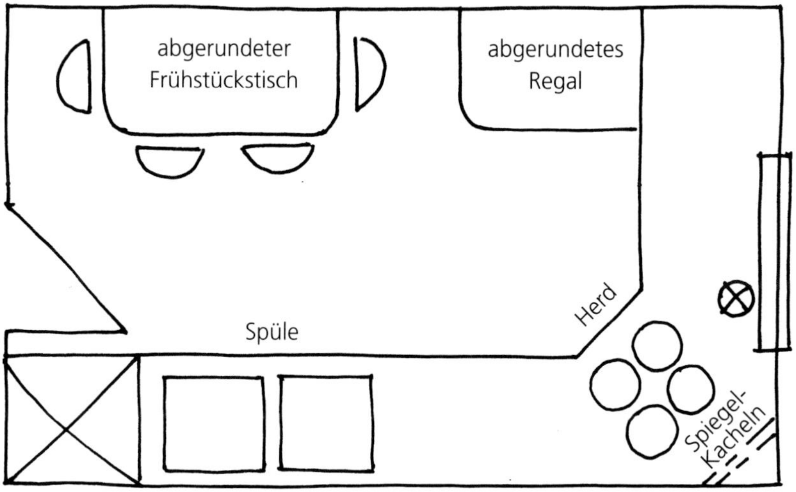

Vorher:
Der Herd steht neben dem Spülbecken. Es entsteht eine Energieautobahn von der Tür zum Fenster. Schlecht plaziert ist auch der Frühstückstisch mit den vorstehenden Ecken und Kanten.
Besser:
Der Herd steht in sicherer Entfernung zum Spülbecken. Der hier abgerundete Tisch wurde an die Familien- und Gesundheitswand plaziert. Spiegelkacheln über dem Herd verdoppeln die Feuerstellen.

Eine nach Feng Shui eingerichtete Küche trennt Herd, Kühlschrank und Spülbecken möglichst weit voneinander, denn: Die Wasserenergie löscht die Feuerenergie.

- Je mehr Feuerstellen (Kochplatten, Gasflammen) in der Küche brennen, desto „reicher" ist der Haushalt, heißt es in China. Benutzen Sie also alle Feuerstellen gleichmäßig.
- Wie das Bad sollte auch die Küche gut zu be- und entlüften sein.

Ch'i-Aktivierung in der Küche. Hier einige Beispiele, die wir teils selbst mit Erfolg erprobt haben:

- Befestigen Sie ein rotes Seidenband über der Spüle. Das verhindert, daß Geld den Abluß heruntergeht (von uns mit Erfolg praktiziert). Halten Sie nach Möglichkeit aus dem gleichen Grund die Abflüsse verstöpselt.
- Hängen Sie nahe des Reichtumsbereichs eine Grafik auf, die ein frisch vermähltes Paar an einer Festtafel zeigt.
- Plazieren Sie Spiegel so, daß die Herdplatten verdoppelt werden. Spiegel können auch als „Kontrollorgan" eingesetzt werden, wenn Sie am Herd mit dem Rücken zur Tür stehen.
- Stellen Sie Ihre Salzvorräte in den Reichtumsbereich. Salz steht für Reichtum. (Entspricht dem guten alten Brauch, nach dem man immer Salz im Hause haben sollte.)
- Entschärfen Sie Ecken und Kanten, zum Beispiel an offenen Regalen mit hübschen Borten – wie es unsere Großmütter bereits taten.
- Halten Sie den Herd blitzblank.

Das Wohnzimmer als Versammlungsort der Familie braucht besondere Harmonie.

Das Wohnzimmer. „Das Herz der Familie" hat einst ein Schriftsteller das Wohnzimmer genannt. Denn hier versammeln sich Vater, Mutter und Kinder, um zu essen, zu erzählen, Freuden und Sorgen zu teilen. Auch Freunde werden hier empfangen. Darum bedarf dieser Raum der besonderen Harmonie. Auch hier gelten einige Grundregeln:

- Das Wohnzimmer richten Sie so ein, daß Sie und Ihre Familie sich darin wohlfühlen. Ob diese Einrichtung dem neuesten Trend oder den Lifestyle-Magazinen entspricht, ist Nebensache.
- Der Sitzbereich sollte nicht unmittelbar gegenüber der Tür liegen. Erstens zieht's dort und zweitens sitzt man im Energiefluß und wird unruhig. Das Sofa sollte sich immer an eine Wand anlehnen können (Rückenschutz). Sitzgruppen stehen in U-Form besser als in L-Form.
- Ein runder oder achteckiger Eß- oder Couchtisch bieten die optimale Energie.
- Die Möbel sollten möglichst mit Rundungen ausgestattet sein (siehe Seite 103).
- Für die Auswahl der Bilder und Dekorationsgegenstände sind zuerst einmal Herz und Gefühl zuständig.

Zwei Wohnsituationen, die eine (oben), westlich geprägt, die andere (unten), mit fernöstlichen Elementen. Positiv an der oberen Wohnung sind die fließenden Gardinen, die Kissen, das opulente Bukett aus Frischblumen, die Blumen-Grafik, die großzügigen Tischlampen und die Tatsache, daß die Sofas an der Wand plaziert sind. Sie fangen die negativen Ecken der Möbel auf. Die Wohnsituation unten strahlt eine beinahe kontemplative Ruhe aus. Das rote Sofa und die von hinten angestrahlte goldgelbe Gardine stehen für Reichtum und Erfolg, desgleichen der runde Couchtisch und die Buddha-Figuren. Ein Platz mit einem beispielhaft gutem Feng Shui!

Vorher:
Der Eßplatz steht zwischen zwei Schränken, deren Ecken Pfeile gegen die Sitzenden aussenden. Der Eßplatz zwischen Tür und Fenster liegt auf einer Energieautobahn. Der Standort des Sofas mit Beistelltisch ist ungünstig, da die Ecke der Wand Pfeile in den Rücken des Sitzenden aussendet.

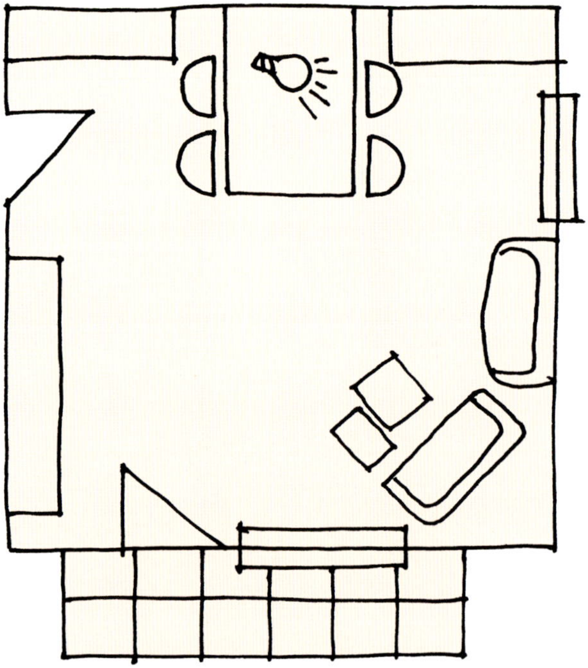

Der runde Tisch steht im Zentrum des Wohnzimmers, lädt zur Kommunikation ein und erhält durch die gute Anordnung der Lampen zusätzlich Energie. Die gerundete Kommode erhöht die positive Raumenergie.

Nachher:
Der Eßtisch wurde umgestellt und aus dem Energie-Durchzug genommen. Das Kuschelsofa ist nun in die Ruhmesecke gestellt worden. Eine runde Bodenvase mit pinkfarbenen Pfingstrosen stimuliert die Reichtumsecke und verhindert gleichzeitig, daß das Ch'i von der Tür direkt durchs Fenster entflieht. Mit einem kleinen Springbrunnen werden Hilfreiche Freunde ins Haus gelockt. Vor die Wand der Kinder kommen Pflanzen, die blühen und gedeihen sollen wie die Sprößlinge.

Chi-Aktivierung im Wohnzimmer. Hier einige Beispiele:

- Teilen Sie sehr große Räume optisch durch Raumteiler, grüne Wände, Paravents, Konsolentische mit Blumen.
- Stellen Sie je nach Zimmergröße ein oder mehrere große Grünpflanzen auf.
- Hängen Sie im Eßbereich einen großen Spiegel auf, der den gedeckten Tisch widerspiegelt. Damit wird Reichtum verdoppelt. (Erinnern Sie sich daran, daß unsere Großeltern noch Eßzimmer-Buffets mit verspiegelten Aufsätzen hatten.)
- Sorgen Sie für reichlich Licht. Viele Tischlampen sind besser (und gemütlicher) als ein Kronleuchter an der Decke.
- Ein runder oder achteckiger Eß- oder Couchtisch bieten optimale Energie.
- Wenn Sie etwas für den Zusammenhalt und die Harmonie in Ihrer Familie tun möchten, so ist das Wohnzimmer der richtige Platz. Aktivieren Sie den entsprechenden Bereich, zum Beispiel mit den Fotos Ihrer Lieben.

Das Schlafzimmer ist der Ort, in dem wir den größten Teil unseres Lebens verbringen. Um tagsüber energiereich und kraftvoll zu agieren, brauchen wir einen festen, erholsamen Schlaf. Darum sollte das Schlafzimmer folgende grundsätzliche Feng-Shui-Eigenschaften aufweisen.

- Sein Fenster sollte idealerweise nach Osten gehen.
- Es sollte nicht zu groß sein und unmittelbar in der Nähe des Eingangsbereiches liegen.
- Es sollte in sanften Farben und mit rundlichen Möbeln eingerichtet sein und möglichst keine Spiegel enthalten (macht unruhig).
- Die Bettwäsche darf – dem persönlichen Element entsprechend – farbig sein, sollte aber möglichst nicht zu wild gemustert sein. Bei den individuellen Farbtönen wählt man stets die zarten Nuancen.
- Das Bett sollte möglichst nicht frei stehen und so plaziert sein, daß man weder unter einem Fenster liegt, noch mit den Füßen zur Tür hinausschaut. Man soll vom Bett aus auch nicht die Tür im Auge haben, weil das nervös macht.
- Es ist besser, wenn über dem Bett keine schweren Regale, massive Bilder oder Kronleuchter hängen.
- Es ist vorteilhafter für die Beziehung, wenn man bei Doppelbetten die „Besucherritze" abdeckt.
- Im Bett sollte der Mann – wenn man vor dem Bett steht – rechts, die Frau links liegen.
- Im Schlafzimmer sollten so wenig Elektrogeräte wie möglich stehen. Wegen der elektromagnetischen Felder sind Radiowecker, Federkernmatratzen, Wasserbetten und elektrisch verstellbare Betten nicht zu empfehlen.
- Der Fernseher sollte – wenn überhaupt – in mindestens drei Meter Entfernung vom Bett stehen. Große HiFi-Anlagen und oder gar eine Satellitenantenne gehören überhaupt nicht in den Ruheraum.

RICHTIG

FALSCH

Wichtig: Vergessen Sie alle Feng-Shui-Empfehlungen, wenn Ihr Bett zwar an der „richtigen" Wand steht, aber von Elektrogeräten bestrahlt wird. Die magnetischen Strahlungen dringen nämlich auch durch Wände. Das

Beide Schlafzimmeranordnungen sorgen für einen ausgezeichneten Ch'i-Fluß.

ist der Fall, wenn auf der anderen Seite der Wand etwa ein Elektroboiler, ein Fernseher, ein Kühlschrank oder eine Tiefkühltruhe in Betrieb sind.

Ch'i-Aktivierung bzw. Ch'i-Harmonisierung im Schlafzimmer:

- Hängen Sie Ankleidespiegel im Schlafzimmer abends mit Tüchern zu.
- „Durchrasendes" Ch'i kann durch Aufhängen von rundgeschliffenen Kristallen – zum Beispiel auch an einem Lüster –, Mobiles, Paravents oder Pflanzen (im Schlafzimmer nur wenige ausgesuchte Energiepflanzen) gebremst werden.
- Ungünstig plazierte Betten, die in Unruhezonen stehen, sich aber aus Platzgründen nicht verschieben lassen, kann man mit einem Paravent „abschirmen".

Ungünstig plazierte Betten, die in Unruhezonen stehen, kann man für die Nachtruhe abschirmen.

Das Kinderzimmer. Noch immer werden in vielen Wohnungen die Kinderzimmer zu klein geplant. Denken Sie aber daran: Kinder brauchen Raum, um sich zu entwickeln – sonst werden Energie und Kreativität erstickt! Hier einige Feng-Shui-Vorschläge für das ideale Kinderzimmer:

- Der Raum sollte so groß und hell wie möglich sein. Kinder müssen sich entfalten können.
- Das Bett darf nicht unter einem Fenster und auch nicht mit den Füßen zur Tür stehen.
- Die Möbel sollten hell sein und abgerundete Formen zeigen,
- Tapeten und Bilder sollten Kindern Freude machen. Spielzeug darf in keiner Weise aggressiv sein.
- Der Schreibtisch für die schulpflichtigen Kinder muß so plaziert werden, daß das Kind weder mit dem Rücken zur Tür sitzt, noch zum Fenster herausschaut.
- Die Spielecke sollte in einem hellen Bereich des Zimmers liegen.

Foto links: Dieses Schlafzimmer könnte einem Metallmenschen gefallen. Aber Vorsicht: Das Bettgestell sendet Pfeile aus.

Noch ein Wort zu den Bettenmaßen. Auf Seite 47 wurden die Feng-Shui-Maße und ihre Bedeutung erklärt. Leider sind die Maße unserer Betten nach der chinesischen Harmonielehre nicht positiv. Denn bei uns ist seit längerem das Standardmaß 2 m x 1 m mit einer Höhe von 46 cm üblich. Anhand des Feng-Shui-Lineals werden Sie leicht erkennen, daß die zwei Meter Länge genau im roten Bereich des „Raubes und Diebstahls" liegen. Nun würden wir ja gerne positiv denken und sagen: Na ja, das

Das Schlafzimmer ganz links mit Spiegelschränken, einem Bett, in dem man mit den Füßen zur Tür liegt und einer eckigen Kommode. Daneben: Bett und Schrank sind verstellt, die Spiegelflächen werden nachts mit einem Vorhang verdeckt, die Kommode wurde ersetzt.

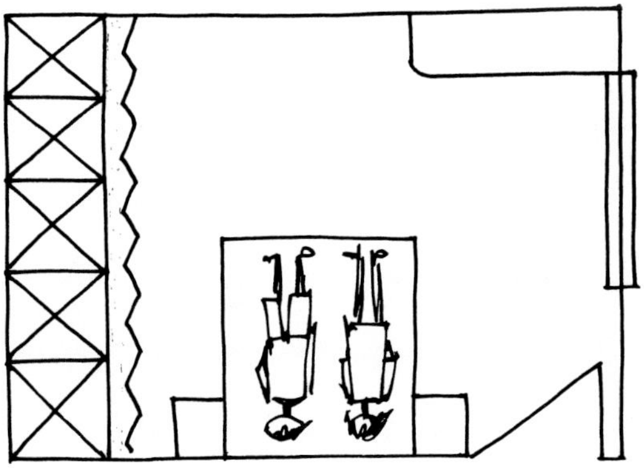

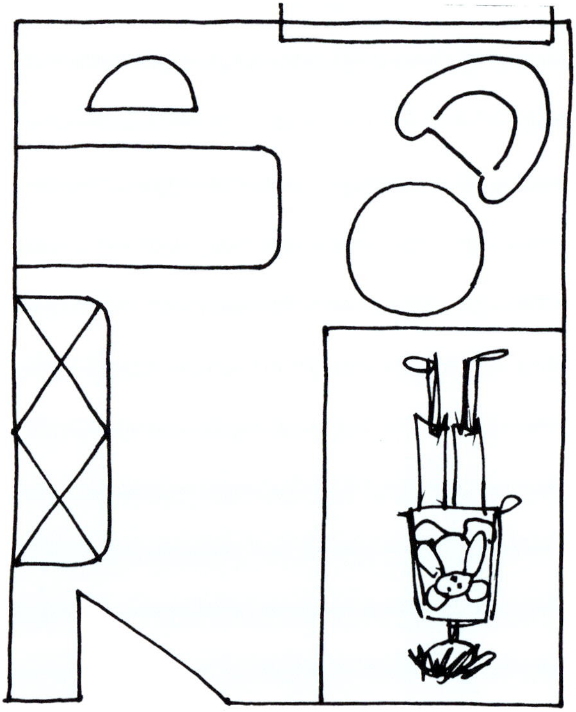

Gutes Feng Shui im Kinderzimmer: Das Kind sitzt während der Schularbeiten nicht mit dem Rücken zur Tür, die Spielecke ist an einer hellen Seite des Zimmers, das Bett steht nicht mit den Füßen zur Tür, die Möbel haben abgerundete Formen.

Paar hat sich gegenseitig das Herz geraubt. Aber leider sind die Vorzeichen nicht so. Denn dazu steht ja die Breite von einem Meter, die ebenfalls im roten Bereich beheimatet ist und nichts weniger als „Trennung" vorhersagt. Positiv bleibt lediglich die Betthöhe, die uns – endlich sind wir mal im grünen Bereich – Reichtum verspricht. Aber, was nützen uns alle Reichtümer der Welt, und wir hätten die Liebe nicht?

Hier hilft nun ein kleiner Trick: Verlängern Sie einfach den Kopfteil des Bettes, zum Beispiel mit einem Regalbrett, um 10 cm, und schon sind wir wieder im grünen Bereich, der uns „Reichtum" bringt. Da wir im Schlafzimmer sind, dürfte dies Reichtum an Liebe bedeuten. Verbreitern Sie Ihr Bett nebenbei nicht, das wäre ja zu aufwendig. Denn nun überwiegt ja das Positive auf unserer Liegestatt.

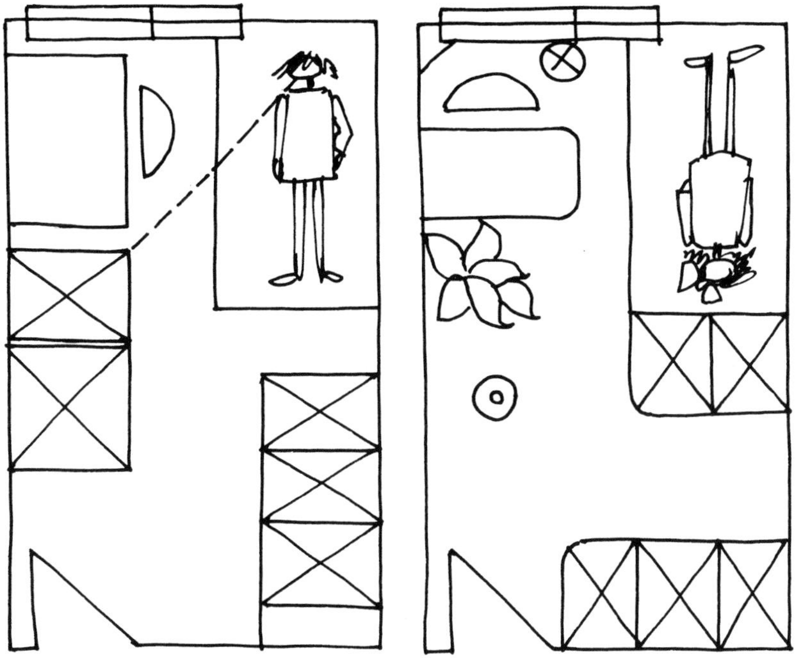

Positive Veränderung eines Kinderzimmers: Kantige und eckige Möbel werden gegen abgerundete Möbel ausgetauscht, der Schreibtisch wird gedreht, so daß das Kind nicht zum Fenster hinausschaut, das Bett wird in den grünen Bereich verlängert, der „Reichtum" beschert, und das Kind schläft nicht mehr mit den Füßen zur Tür.

Ch'i-Aktivierung im Kinderzimmer. Hier einige Vorschläge:

- Geeignet ist alles, was das jeweilige Element unterstützt und fördert (Seite 23ff.).
- Mobiles in Kinderzimmern unterstützen die Entwicklung des Geistes und der Kreativität.
- Zimmerbrunnen fördern die Leistungsfähigkeit. Nur bei Kindern einsetzen, die nicht zum Element Feuer (Wasser löscht Feuer) oder Metall (Metall nährt Wasser) gehören.

Das Arbeitszimmer ist für Freischaffende der Ort zum Geldverdienen, anderen dient es dazu, in Ruhe Dinge (Steuererklärung, Banksachen etc.) zu erledigen, für die woanders kein Platz ist. In diesem Raum ist gerade die Schreibtischposition von auschlaggebender Bedeutung. Wichtig sind folgende Kriterien:

- Der Schreibtisch sollte möglichst diagonal und weit von der Tür entfernt so stehen, daß der daran arbeitende stets die Tür im Blickfeld hat.
- Ein Springbrunnen oder ein Mini-Wassergarten können nicht schaden, wenn es mit den Finanzen nicht so gut steht.
- Auf dem Schreibtisch muß eine qualitativ hochwertige Leuchte stehen.
- Der Karrierebereich dieses Zimmers sollte einen kleinen Tisch und Sitzgelegenheiten enthalten.
- Achten Sie im Arbeitszimmer besonders auf Pfeile (scharfe Ecken und Kanten, die direkt auf Sie weisen). Sie greifen Ihre Energie an, können sie auch zerstören, machen kraftlos und antriebsschwach.

Ch'i-Aktivierung für Arbeitszimmer und Schreibtisch:

- Münzen oder etwas Rotgoldenes in der Finanzecke des Schreibtisches.
- Zimmerbrunnen, Grün- und Blütenpflanzen.

Neu-Aktivierung im Arbeits-/Gästezimmer: Vorher: Eckige Möbel, Sitzplatz mit dem Rücken zur Tür, Schlafplatz mit den Füßen zur Tür. Nachher: Abgerundete Möbel, Mobiles und Pflanzen oder Zimmerbrunnen unterstützen das Wohlbefinden ebenso wie der umgestellte Schreibtisch.

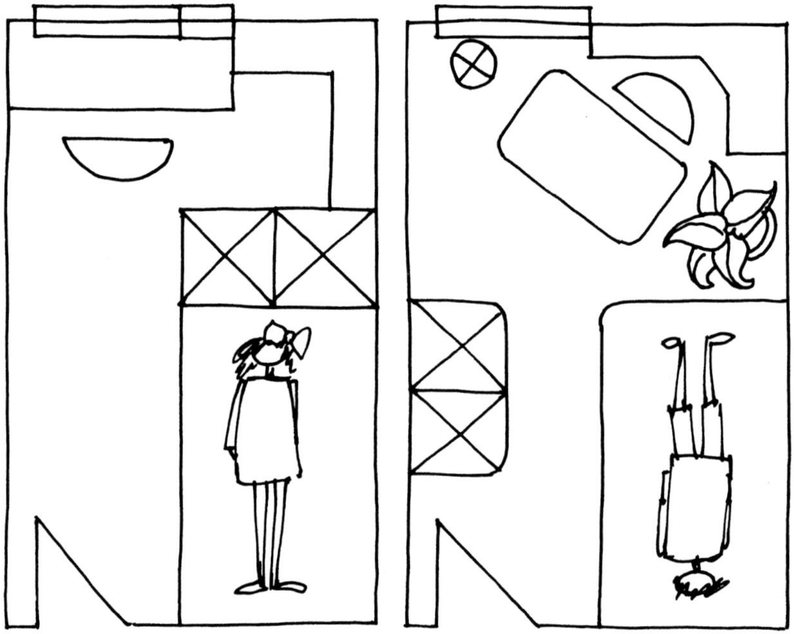

Die Sorgenkinder des Feng Shui

Treppen, Balken, niedrige Decken, Stützpfeiler, Dachwohnungen mit Schrägen, aber auch Abstellkammern und Keller sind in der Regel Problemzonen.

Treppen sollten nie direkt auf die Haus- oder Wohnungseingangstür zulaufen und immer geschlossen sein.

Treppen sollten nie direkt auf die Haus- oder Wohnungseingangstür zulaufen und immer geschlossen sein. Die Chinesen sagen: Das Ch'i und gleichzeitig Ihr Vermögen strömen sonst die Treppe herab direkt ins Freie – und beide verschwinden auf Nimmerwiedersehen. Nun brauchen Sie die Unglückstreppe in diesem Fall nicht gleich abreißen: Sie könnten beispielsweise einen großen Seidenvorhang zwischen Treppe und Tür hängen – und direkt unter sie stellen Sie eine schöne Pflanze. Ist diese (und andere Treppen Ihres Hauses) offen, bringen Sie Blenden an, und achten Sie darauf, daß dieser Bereich stets gut beleuchtet ist. Besonders gilt das für den unteren Bereich der Treppe, weil sich das Ch'i hier sammeln kann und nicht aus dem Haus flieht.

Dachwohnungen und -zimmer und damit Schrägen gelten im Feng Shui als unharmonisch. Denn hier finden wir ja zuerst einmal Schrägen – und dadurch auch dunkle Ecken, den idealen Tummelplatz des Sha. Aber auch uns Europäern dürfte das alles keineswegs fremd sein. Denken wir nur daran: Eine „schräge Type" wird unser Vertrauen kaum finden, eine „berufliche Schräglage" bedeutet bei uns, daß es abwärts mit der Karriere geht.

Besonders übel ist's, unter einer Schräge zu arbeiten oder zu schlafen. Bei der Arbeit gilt – laut Feng Shui –, daß die Schräge Einnahmen „zerstreut". Wer darunter schläft, der könnte bald unter Kopfschmerzen leiden, sich mit Alpträumen herumquälen oder auch mit nächtlicher Atemnot reagieren, weil er sich so beengt fühlt. Das allerdings sind wieder extreme Fälle, etwa bei denen, die sich nicht mal von ihrem Schreibtisch erheben können, ohne mit dem Kopf anzustoßen oder die sich im Bett nicht aufrichten können, ohne sich in Gefahr zu begeben. Ist reichlich

Platz zwischen Kopf und Schräge, dürfen Sie beruhigt an Ihrem angestammten Platz weiterarbeiten und -schlafen.

Dennoch denken Sie auch in diesem Fall daran, daß Sie die Schräge ausgleichen sollten, denn in ihren Ecken staut sich ja die Energie. Was also tun, wenn Sie etwa in einer Dachwohnung leben oder in Ihrem Haus viele Schrägen sind?

Ch'i-Aktivierung bei Dachschrägen. Einige Beispiele:

- Hängen Sie an die Schrägen links und rechts im Abstand von zwei, drei Metern Mobiles auf.
- Die spitzen Winkel, die ja Pfeile aussenden, harmonisieren Sie mit üppig wachsenden Pflanzen.
- Stellen Sie in dunklen Ecken ein Windlicht oder eine Öllampe auf, die Sie abends entzünden.
- Sie könnten – falls genügend Platz vorhanden ist – die schiefe Ecke mit Hilfe eines Vorhangs strecken, noch besser, Sie verwandeln die Schräge in einen Einbauschrank.
- Schlafen Sie unter einer tiefen Schräge, sollte der Körper längs der Deckenkante liegen – und nicht etwa quer dazu.

Dachschrägen gehören zu den großen Problemzonen. Auch hier kann durch üppig wachsende Pflanzen und Mobiles sowie richtig plazierte Vorhänge ein Ausgleich geschaffen werden.

Niedrige Decken, Balken und Stützpfeiler. Ein Paar aus unserer Bekanntschaft hatte sich ein altes Fachwerkhaus gekauft und umgestaltet. Und dennoch fühlte es sich nicht wohl in seinem Traumhaus. Bei einem Besuch erkannten wir gleich den für Feng-Shui-Praktiker offensichtlichen Grund: Die Raumdecken waren sehr niedrig – und die Strukturbalken lagen frei. Gerade das letztere sieht man heutzutage oft in „aufgepeppten" alten Häusern, da es große Mode geworden ist, nicht nur im Grünen, sondern dort auch gleich rustikal zu leben.

Die Balken und Sperren, die nun offenliegen, tragen ja ein ziemliches Gewicht (das ist – siehe Abbildung S. 114 oben – auch das Problem bei den Stützpfeilern), und das kann sich nun auf die Psyche der Menschen legen. Wer unter „Freibalken" sitzt oder schläft, hat, je nach Typus, mit

Foto links: Dachschrägen, Dachpfeiler, eckige Stützpfeiler, Wendeltreppen in der Mitte des Raumes, eckige Stühle mit Stangen in den Stuhllehnen sind ungünstig.

Sind die scharfen Kanten von Deckenbalken nicht abgemildert, verläuft die Energie in diesem Raum völlig unharmonisch wie eine Achterbahn.

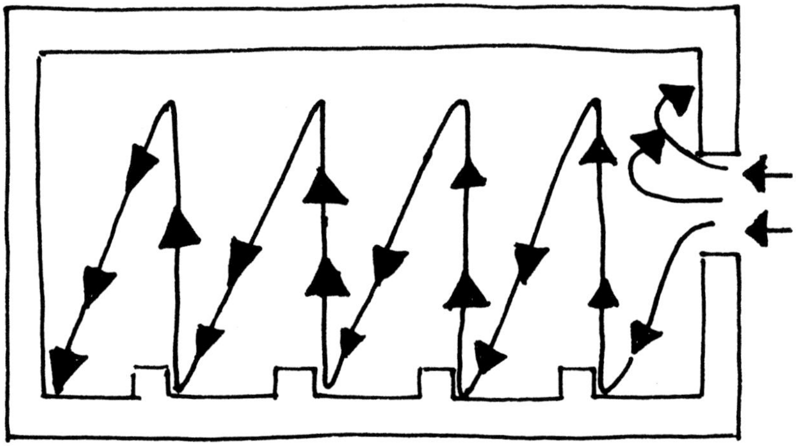

Kopf- oder Magenschmerzen zu rechnen. Und nach den Gesetzen der chinesischen Harmonielehre könnte sogar eine leichte Paranoia hinzukommen, weil die offenen Balken ja wie ein Damoklesschwert über den Köpfen hängen. Sind außerdem die Raumdecken niedrig, stellt sich oft ein Gefühl der Enge ein, das bis zur Platzangst führen kann.

Chi-Aktivierung bei niedrigen Decken. Beispiele:

- Spiegel an den gegenüberliegenden Wänden vergrößern und verlängern optisch den Raum.
- Ein Gefühl von Weite erreichen Sie auch mit Landschaftsbildern, die am besten einen schön verschlungenen Wanderweg thematisieren, der bis an den Horizont reicht.

Foto rechts: Stützpfeiler sollten eine runde Form aufweisen. Auf diese Weise wird die Sha-Energie entschärft, weil sich das Ch'i um die Säulen schlängeln kann. Pflanzen vor den Säulen unterstützen die positive Wirkung.

Außergewöhnliche Idee – die Kajütenwohnung. Ein Freund von uns, ein Hobbysegler, hat diesen Weg gewählt: Er verwandelte sein einigermaßen enges und mit einem niedrigen Dach ausgestattes Wohnzimmer einfach in eine Art Kapitänskajüte, mit einem Sextanten an der Wand, einer alten Schiffsleuchte, die in der Raummitte von der Decke hängt und Bildern von Schiffen im Sturm. Hier fühlt er sich nun sicher und geborgen, mögen sich auch draußen die Wellen der Erregung noch so hoch auftürmen ...

Balken. Die beste Möglichkeit, Balken zu mildern, ist, Kletterpflanzen auf den Balken anzubringen, die sich dann um das Holz winden und die scharfen Kanten auszugleichen vermögen.

Richten Sie Ihre Möbel immer in Richtung der Balken aus, und stellen Sie Bett und Stühle möglichst in die Balkenlücken.

Denken Sie bei Balken daran, die Möbel in Richtung der Balken auszurichten – und stellen Sie Betten und Sessel und Stühle möglichst in die Balkenlücken. Ist das letztere, aus welchen Gründen auch immer, nicht möglich, bekommt das Bett direkt unter einem Balken eben ein kleines schützendes Dach. Besorgen Sie sich aus dem Baumarkt vier runde, gleichlange Stäbe, befestigen Sie diese an den vier Ecken des Bettes, und legen Sie ein Tuch in schönen Farben darüber.

Entschärfen können Sie die Schneiden Ihrer Balken, indem Sie auch hier Flöten aufhängen. An einem roten Band befestigt, sollten sie mit dem Mundstück nach unten hängen, damit das aufsteigende Ch'i seine Melodie auf ihnen spielen kann.

Eine ungewöhnliche Idee – die Teddybär-Lösung. Eine nicht chinesische Lösung haben wir einer liebenswerten Teddybär-Sammlerin vorgeschlagen, der die Balken über ihrem Kopf Magendrücken einbrachten. Wir rieten ihr, an jedem Balken versetzt zwei kleine Schaukeln zu befestigen – und dann ihre derzeitigen Lieblinge darauf zu setzen. Wenn sie wieder ein Unbehagen überkam, sollte sie sodann einfach hingehen und ihre Teddys schaukeln lassen. Dieser Anblick der zotteligen Plüschbären ist einfach unwiderstehlich – und die Frau lebt jetzt glücklich und gesund zwischen friedlich schaukelnden Teddys ...

Stützpfeiler, die wir ja heute oft in Fertighäusern finden, sind weitere, große Sorgenkinder. Ein bißchen Psychologie hilft uns zu verstehen, warum das so ist. Denken Sie doch einmal daran, daß auch die Stützpfeiler ständig eine schwere Last zu tragen haben. Sitzen Sie nun oft neben einem solchen Stützpfeiler, oder haben Sie gar Ihr Bett dort aufgeschlagen, kann sich auch eine schwere Last symbolisch auf Ihr Herz und Gemüt legen.

Die erste Regel lautet nun: Wenn schon Stützbalken sein müssen, entscheiden Sie sich wenigstens für Rundpfeiler, um die sich das Ch'i herumschlängeln kann. Auf diese Weise schalten Sie die „Sha-Pfeile" aus. Ausgleich bringt auch eine schöne Topfpflanze, die Sie direkt vor dem Stützpfeiler aufstellen. Sie können einen Spiegel an den Pfeiler hängen, in dem Sie einen besonders schönen Teil des Zimmers einfangen – und so die Härte und Schwere des Stützpfeilers mildern.

Abstellkammern, Kleiderschränke, Keller sollten stets sauber aufgeräumt, durchlüftet und gut beleuchtet sein. In diesem Zusammenhang sei auch der viel belächelte Frühjahrsputz erwähnt, dem im Feng Shui große Bedeutung zukommt. Wer aufräumt und ordnet, läßt Vergangenes hinter sich und konzentriert sich auf Gegenwart und Zukunft.

Dem oftmals nur noch belächelten Frühjahrsputz kommt im Feng Shui große Bedeutung zu, denn: Nur ein ordentliches und von Vergangenem befreites Zuhause öffnet den Blick auf Gegenwart und Zukunft.

Versuchen Sie sich von allem Überflüssigen in Ihrer Wohnung zu trennen. Denken Sie immer an den schönen Spruch: Wer losläßt, hat beide Hände wieder frei. Viele schon grotesk überladene Wohnungen sehen in unseren Augen so aus, als fesselten sie die Energie ihrer Bewohner ...

Wenn wir Menschen beraten, schauen wir uns zuallererst ihre Keller an. Sie sagen uns sehr viel mehr über den Charakter, die Einstellung und den Gemütszustand seines Besitzers.

Bei einem zerstrittenen Paar, das kurz vor der Trennung stand, sagten die Kellerräume alles über den Stand ihrer Beziehung aus: Er war schmutzig und unaufgeräumt. Vor allem hatte es in dem dunklen, nassen Raum auch noch einen alten roten Teppich ausgerollt, der nun von Millionen Motten angefressen war. Bei einem alten Schrank, der darauf stand, waren die Fenster eingeschlagen, die Politur zerkratzt. Drinnen hatte das Paar alte Erinnerungen, auch seiner Liebe, gelagert: Gemeinsame Urlaubsfotos und Liebesbriefe, die es einander in besseren Tagen geschrieben hatte. Alles war weiterhin hier heruntergeschafft worden, was oben nicht mehr paßte oder schlicht nicht mehr funktionierte: Zerbrochene Skulpturen, ein Topf ohne Henkel, ein kaputter Toaster und so weiter und so weiter. Hier war nichts mehr zu machen, die Zerstörung war zu weit fortgeschritten – im Keller und in den Gefühlen des Paares zueinander ...

Unordentliche und überladene Kellerräume fesseln die Energie seiner Besitzer und offenbaren deren Gemütszustand.

Für uns ist und bleibt erstaunlich, daß viele, die wir besuchen, ihre Wohnung und ihr Haus peinlich sauber halten, während der Keller staubig und schmutzig ist und sich dort das Gerümpel nur so stapelt. Wir sind davon überzeugt, daß es im Unterbewußtsein der Menschen spiegelgenau so ausschaut wie in diesen Räumen. Denken Sie mal darüber nach – und bevor Sie wieder mit Ihrem Partner oder den Kindern hadern, machen Sie erst einmal ordentlichen Kellerputz. Wir haben die Erfahrung gemacht, daß danach die Probleme in der Ehe und der Familie längst nicht mehr so groß sind und Lösungen für alles und jeden gefunden werden ...

Wie hat doch schon der Herr Professor Freud gesagt: „Bloß nix verdrängen!" Und wir fügen hinzu: Und schon gar nicht in den Keller.

Kleines Nachwort

Freitag, 13. Juni 1997

Gestern hatten wir unser Feng-Shui-Buch beendet und zur Feier einige Freunde eingeladen. Wir waren zu acht. Ein gutes Omen, Sie werden sich erinnern: Die liegende Acht symbolisiert die Unendlichkeit. Unser Ehrengast war eine Freundin, die das entstehende Buch von Beginn an mit der ihr eigenen Offenheit für Neues begleitete. Sie erzählte eine für uns beispielhafte Geschichte über intuitives Feng Shui: „Ich mußte im März ins Krankenhaus. Die Untersuchungen, der Eingriff und das anschließende bange Warten auf den Befund haben mich doch sehr mitgenommen. Und wißt ihr was? Als ich dann später euer Manuskript las, wurde mir erst klar, was ich als erstes tat, als ich wieder zu Hause war: Ich habe rote Geranien, Fleißige Lieschen und rote Rosen für meinen Dachgarten gekauft. Ganz unbewußt also hatte ich mir Energie ins Haus geholt. Und die konnte ich nun wirklich brauchen!"

Schon waren wir also wieder beim Thema – und blieben dort eine Weile, bis ein streng rationaler Freund, ein Computerfachmann, der vorzugsweise in Bits- und Bytes-Bahnen denkt und redet, dazwischenplatzte: „Sehr nette Theorien, wirklich. Aber nichts, was mich angeht. Wenn ich das schon höre, Ch'i und Sha und eure ‚versteckten Pfeile'."

Sofort hielt ihm die Gastgeberin/Autorin ihre Gabel unter seine Nase, woraufhin der Computerfachmann auf seinem Thonet-Stuhl (die Stühle mit der angenehmen Rückenrundung) zurückschreckte, daß er beinahe umgefallen wäre. „Das nur als Beispiel für westliches Feng Shui", sagte die Gastgeberin. „Keiner von uns mag es, wenn man ihm mit spitzen Gegenständen vor der Nase herumfuchtelt, auch wenn es ein guter Freund ist. Warum ist es unhöflich, mit „nacktem Zeigefinger" auf Menschen zu deuten? Nicht nur die Chinesen, auch wir westliche Menschen fühlen uns durch den Pfeil des Zeigefingers – und erst recht durch spitze Gegenstände – instinktiv unbehaglich und bedroht!"

Die Lebensgefährtin des Computerfachmanns fügte mit leiser Stimme hinzu: „Wie oft habe ich dir ja auch gesagt, daß ich wirklich nicht gern unter dieser Dachschräge schlafe. Irgendwie gehe ich da jeden Abend beklommen ins Bett. Jetzt weiß ich wenigstens, warum."

Den Beitrag eines weiteren Gastes, der seit einigen Jahren als Privatgelehrter tätig ist und besondere Vorliebe für die chinesische Philosophie hat, wollen wir nicht unterschlagen. Er meinte: „Ich weiß ja, daß ihr beiden seit Jahren Feng Shui praktiziert und ich bewundere euren Mut und eure Unbekümmertheit. Ich muß euch ehrlich sagen, ich würde mich das noch nicht trauen. Ich bin sicher, man braucht mindestens ein Menschenleben, um das alles wirklich tief zu verstehen und zu verarbeiten – und man sollte am besten gleich Chinese sein. Feng Shui ist ja so unendlich komplex und schwierig. Ich glaube, wir im Westen sind allesamt dafür noch nicht reif."

Eben das glauben die Autoren nicht. Wir sind zuallererst freilich davon überzeugt, daß wir uns Feng Shui nicht (nur!) erlesen und erarbeiten sollten, sondern daß wir uns in diese Philosophie der Harmonie einfühlen müssen. Verlassen wir uns dabei auf unsere Yin-Seite. Denn darauf kommt es an: das Gefühl wieder sprechen zu lassen, der Intuition Raum geben und auf die innere Stimme zu hören, die uns deutlich sagt: Dieser Raum ist sicherlich funktionell – aber wohnen möchte ich hier nicht! Und das ist eben auch Feng Shui. Gesunder Menschenverstand gehört immer dazu.

Wenn wir mit unserem Buch erreicht haben sollten, daß Ihre Intuition die Sprache (wieder)gefunden hat, dann haben wir unser Ziel erreicht. Feng Shui ist ja in jedem von uns, und Feng Shui bleibt auch die Basis, ohne daß wir westliches Denken und Fühlen verleugnen wollen. Deshalb können wir Feng Shui auch einen neuen, westlichen Namen geben: Hausharmonisierung.

In diesem Sinne möchten wir Ihnen zum Abschluß raten: Lassen Sie Ihre Gefühle in bester Ch`i-Manier durch dieses Buch und seine Theorien fließen, und praktizieren Sie es in Ihrer Wohnung oder der von Freunden, die Sie um Unterstützung bitten, auf Ihre ganz eigene Weise. Und wenn`s denn sein soll, fangen Sie damit an einem Freitag, den 13. damit an …

Leserservice

Feng-Shui-Adressen

Deutschland
Newerla, Peter
Schleichersrain 7
71543 Wüstenrot-Stangenbach
Tel. 0 71 30 / 34 01

Waldner, Gerhard
Unterschwarzenberg 18
87466 Oy-Mittelberg
Tel. 0 83 66 / 9 86 87

Feng Shui Agentur
Katrin Martin & Thomas Fröhling
Kapellenweg 6
79294 Sölden
Tel. 07 61 / 40 46 07
E-Mail: Katma
FengShui@ T-Online.de

Schaeffer Isolde – Die Feng Shui Agentur
Postfach 43 11 08
80741 München

Hagia Chora
Schule für Geomantie
Laufend Kurse in Feng Shui
Moltkestr. 12
84453 Mühldorf/Inn

Österreich
Impuls GmbH
Seepark 1
A-5310 Mondsee
E-Mail: fengshui@ping.at
Internet:
http://www.info.co.at/cs/fengshui

Feng Shui Academy
Günther Sator
Kärntner Str. 8
A-1010 Wien
Tel. 00 43 / 2 22 / 5 13 67 89

Schweiz
Guex-Joris, Daniele, und Tasnady Marta
Bergstraße 58
CH-8706 Meilen
Tel. 00 41 / 1 / 9 23 61 20

Möbel und Wohnaccessoires
Die Möbel und Wohnaccessoires der Firma Gunther Lambert (siehe auch Bildnachweis Seite 4) gibt es in Deutschland, der Schweiz, Österreich und den Beneluxländern im Fachhandel. Bezugsquellen in der näheren Umgebung nennt: Gunther Lambert GmbH, Konstantinstr. 303, 41238 Mönchengladbach, Tel. 0 21 66 / 86 83-0

Glossar

Akupunktur: Chinesische Heilmethode, um die Lebensenergie wieder zu aktivieren.

Ätherische Öle: Stark duftende, konzentrierte, flüchtige Öle, die aus Pflanzen gewonnen werden. Bisher wurden etwa 1500 verschiedene ätherische Öle isoliert. Je nach Pflanze haben sie ausgleichende, aktivierende oder auch antiseptische Wirkungen und können viele Krankheiten lindern.

Bagua: Wörtliche Übersetzung: „Der Körper des Drachen." Chinesisches Hilfsmittel zur Analyse unseres Wohnumfeldes. Es besteht aus vier Wandmittelstücken und vier Ecken sowie einem neunten Bereich – dem Zentrum.

Bagua-Spiegel: Runde Spiegel, die achteckig gerahmt sind.

Ch`i: Die Lebensenergie des Universums. Sie bewegt sich in sanft gewellten Linien durch den Raum.

Energieautobahnen: Gerade Straßen und Wege, auch lange Flure erzeugen Sha-Energie. Hier wird das Ch'i zu stark beschleunigt. Es entsteht eine Energieautobahn.

Fünf Elemente: Erde, Wasser, Feuer, Metall, Holz. Sie sind zur Grundlage des chinesischen Denkens geworden. Die Wandlungsphasen der Natur, das Werden und das Vergehen, werden über die beiden Zyklen der fünf Elemente erklärt.

Giftpfeile: Alle spitzen und geraden Gegenstände und Strukturen, die durch ihre Form geradlinige Sha-Energie erzeugen.

I Ging: „Das Buch der Wandlungen". Eines der ältesten Orakelbücher der Menschheit. Grundsymbol ist ein gleichseitiges Achteck. Konfuzius studierte es während seines gesamten Lebens.

Ionen, negativ geladene: Tauchen in hoher Konzentration besonders an jahrtausendealten Kultplätzen auf. Sie stimulieren die roten Blutkörperchen und sind deshalb wahre Muntermacher.

Meridiane: In der chinesischen Medizin Energieleitbahnen, auf denen sich die Lebensenergie, das Ch'i, bewegt. Die Meridiane verbinden alle Organe und Zellen und versorgen sie mit feinstofflicher Lebensenergie.

Schwingungsfrequenz von Farben: Die Wissenschaft hat die Wirkung von Farben auf unsere Psyche und unseren Körper längst nachgewiesen. Ausgleichende Schwingungen unterstützen den Heilungsprozeß von kranken Menschen.

Sha: Verändert sich der natürliche Fluß (sanft gewellt) des Ch'i, so entsteht Sha-Energie. Sha ist geradliniges, beschleunigtes, blockiertes oder stagniertes Ch'i. Sha-Quellen sind alle spitzen und eckigen Gegenstände, auch Kanten von Gebäuden, „toten" Ecken sowie Energiebeschleuniger (siehe Energieautobahn).

Tai Ch`i: Der neunte Bereich und das Energiezentrum des Bagua.

Tao: Der „Weg", chinesische Philosophie, das Prinzip der Harmonie und des Gleichgewichts von Yin und Yang.

Wind und Wasser: Wörtliche Übersetzung für Feng Shui.

Yin und Yang: Die beiden kosmischen Energien, die in allen Dingen sichtbar sind. Yin ist die empfangende Energie, der passivere Aspekt; Yang ist die schöpferische Energie, der aktivere Aspekt.

Feng-Shui-Fuß: Der Feng-Shui-Fuß mißt eine Länge von insgesamt 43 cm. Diese 43 cm sind in acht Abschnitte unterteilt, bis ein neuer Zyklus beginnt.

Feng-Shui-Lineal: Grundlage für das Lineal ist der Feng-Shui-Fuß mit einer Länge von 43 cm. Auf dem Lineal sind diese 43 cm in acht Abschnitte mit symbolhafter Bedeutung unterteilt.

Literatur

Chuen, Lam Kam: Das Feng Shui Handbuch, Joy Verlag, Sulzberg 1996

Kraaz von Rohr, Ingrid/Hofmann, Robert: Praktischer Leitfaden Feng-Shui, Nymphenburger Verlag, München 1996

Too, Lilian: Das große Buch des Feng Shui, Droemer Knaur Verlag, München 1997

Walters, Derek: Die Kunst des Wohnens – Feng Shui, Scherz Verlag, Bern, München, Wien 1993

Walters, Derek: Feng Shui. Kunst und Praxis der chinesischen Geomantie. M + T Verlag, Edition Astrodata, 2. Aufl., Wettswil 1992

Waring, Philippa: Vom richtigen Wohnen, Irisiana/Hugendubel Verlag, München 1995

Wichtiger Hinweis

Dieses Buch für Einsteiger präsentiert eine sehr stark vereinfachte Form des Feng Shui, die für unseren Lebensraum leichter nachvollziehbar ist als die sehr komplexe chinesische Feng-Shui-Lehre. Die im Buch gezeigten Vorschläge erheben keinen Anspruch auf Vollständigkeit, dies ist auch im Rahmen eines kleineren Ratgebers nicht möglich. Sie sollen nur beispielhaft Anregungen geben, wie Sie Ihr Wohnumfeld verbessern können. Dennoch können weder Autor noch Verlag die Wirksamkeit der Maßnahmen garantieren. Dies hängt auch stark von individuellen Wünschen und Umständen ab.

Register